ESSEN
GENIESSEN
GESUND
BLEIBEN

Laura Koch

ESSEN GENIESSEN GESUND BLEIBEN

Ernährung als Medizin

70 genial einfache Rezepte

at VERLAG

Dieses Buch ersetzt keine medizinische Diagnose oder Therapie. Wenden Sie sich beim Auftreten von Krankheiten oder Beschwerden an den Arzt/die Ärztin Ihres Vertrauens. Dieses Buch dient lediglich der Informationsvermittlung und liefert gedankliche Anstöße für den Alltag. Die Autorin und der Verlag übernehmen keinerlei Haftung für gesundheitliche Schäden, die sich aus der Nutzung oder einer Fehlinterpretation der vermittelten Informationen ergeben könnten.

Dieses Buch ist entstanden in Zusammenarbeit des Instituts für integrative Naturheilkunde NHK Zürich mit dem Hotel Hof Weissbad Appenzell.

Nhk/ Institut für integrative Naturheilkunde

hofweissbad
appenzell und gesundheit

INHALTS-VERZEICHNIS

WARUM NOCH EIN KOCHBUCH?

Ganz einfach: weil es Wissenschaft und Genuss verbindet!

Dieses Kochbuch zeigt auf, wie sich bestehende und neueste Erkenntnisse aus Naturwissenschaft und Naturheilkunde auf das Kochen übertragen und in schmackhafte und kreative Gerichte umsetzen lassen. So hat es jede und jeder in der eigenen Hand, ihre/seine Gesundheit aktiv mitzugestalten. Präventiv wie therapeutisch ist die Ernährung ein zentrales Element für die eigene Gesundheit. Was heute die Erkenntnisse aus der Mikrobiom-Forschung (Darmmikroben-Forschung) sowie dem Forschungsfeld der Epigenetik[1] als Quintessenz aufzeigen, ist im Grunde genommen kein Novum, denn bereits Hippokrates, Vater der modernen Medizin und einer der ersten naturheilkundlich ausgerichteten Ärzte, sagte 460 v. Chr.:

»Lasst Eure Nahrung
Eure Medizin
und Eure Medizin
die Nahrung sein.«

In monatelanger Zusammenarbeit sind für dieses Buch über siebzig schmackhafte, alltagstaugliche Rezepte und Anregungen entstanden, die auf kreative Art und Weise genau diesem Leitsatz folgen. Denn dank der Ernährung mit entzündungshemmenden Lebensmitteln und der »Low Glycemic and Insulinemic Diet« (LOGI) nach Dr. Nicolai Worm unter Berücksichtigung des zentralen Aspekts des Tagesrhythmus wird Ernährung beziehungsweise Essen tatsächlich zur täglichen Medizin.

Die Rezepte sind nicht nur besonders gut verträglich für den Darm und den gesamten Stoffwechsel, sondern verfolgen auch den Anspruch, umweltverträglich zu sein. Saisonalität und Regionalität sind daher zentrale Aspekte bei der Auswahl der Zutaten. Sich bewusst zu ernähren, bedeutet heutzutage auch, einen direkten Einfluss auf den Verbrauch und die Wiederverwertung von Umweltressourcen zu nehmen.

Die beiden namhaften Institutionen NHK Institut (Zürich) und Hotel Hof Weissbad (Appenzell) haben sich in engem Austausch seit Jahren mit den genannten Themen auseinandergesetzt. Nun soll die gemeinsame Lebens- und Ernährungsphilosophie in einem Kochbuch festgehalten und alltagsgerecht allen Interessierten zur Verfügung gestellt werden. Ziel ist es, die Eigenverantwortung für die eigene Gesundheit gemäß dem salutogenetisch[2] ausgerichteten Denken und Handeln zu fördern. Die beiden Institutionen verbinden Schulmedizin und naturheilkundliche Therapien im Sinne der TEN (Traditionell Europäische Naturheilkunde) in Lehre und Praxis.

Gezielte Entspannungs- und Regenerationspausen mit entsprechender kulinarischer und therapeutischer Umsorgung sind fester Bestandteil einer ganzheitlichen Gesundheitsvorsorge und Therapie. Das Appenzellerland gilt seit jeher als ganz besonderer Ort für natürliche Heilkräfte und kräuterheilkundliche Traditionen. So ist es immer wieder Anziehungspunkt und Inspirationsquelle für Menschen, die auf der Suche nach Ruhe, idyllischen Wanderwegen, intakter Natur oder gelebtem Brauchtum sind. Das Hotel Hof Weissbad mit seinen 190 Mitarbeiterinnen und Mitarbeitern fühlt sich bis heute diesen Traditionen eng verbunden. So wurde in Zusammenarbeit mit dem NHK Institut das MED-TEN® Konzept ins Leben gerufen – eine Symbiose[3] der schulmedizinischen Erkenntnisse (MED) mit der traditionellen europäischen Naturheilkunde (TEN).

Wir sind überzeugt, dass zum einen das Hotel Hof Weissbad mit seiner gelebten Gastfreundschaft und seiner Vier-Sterne-Superior-Atmosphäre für alle Gäste ein zweites Zuhause zum Auftanken schafft und zum anderen das NHK Institut im Herzen Zürichs eine zentrale Anlaufstelle für gesundheitliche Fragen jeglicher Art bietet.

In der Zwischenzeit wünschen wir viel Freude und Genuss bei der eigenen Gesundheitsvorsorge – lassen Sie Ihr Essen Ihre Medizin sein!

Nhk / Institut für integrative Naturheilkunde

Sybille Binder
Delegierte des VR, Ernährungsberaterin FH

hofweissbad
appenzell und gesundheit

Damaris Lienhard
Gastgeberin Hotel Hof Weissbad

1 *Epigenetik (altgr. epi, »über«, und Genetik), Gebiet der Biologie, das sich mit den Mechanismen der Genregulation und ihrer Vererbung befasst.*
2 *Salutogenese (lateinisch salus, »Gesundheit, Wohlbefinden«, und Genese, also etwa »Gesundheitsentstehung«), Modell nach A. Antonovsky, das im Gegensatz zum in der Medizin vorherrschenden Modell der Pathogenese die Entstehung von Gesundheit erklärt.*
3 *Symbiose (altgr. sýn, »zusammen«, und bíos, »Leben«), das Zusammenleben von Lebewesen verschiedener Art zu gegenseitigem Nutzen.*

WESHALB ESSEN UNSERE TÄGLICHE MEDIZIN IST

Im Laufe eines Lebens passieren rund fünfzig Tonnen Nahrung den etwa acht Meter langen Verdauungstrakt des Menschen. Jede Mahlzeit liefert eine geballte Ladung biochemischer Informationen, die auf unsere größte Kontaktfläche zur Außenwelt trifft (obwohl der Verdauungstrakt als eine Art Schlauch im Inneren des Körpers liegt, gehört sein Inhalt zur Außenwelt). Mit seinen drei- bis vierhundert Quadratmetern Fläche – dies entspricht der Größe von etwa zwei Tennisfeldern! – ist der Magen-Darm-Trakt das mit Abstand größte Ein- und Ausgangstor unseres Körpers. Unsere Lunge mit rund hundert Quadratmetern und unsere Haut mit etwa zwei Quadratmetern bilden im Vergleich dazu eine deutlich kleinere Kontaktfläche. Damit wird klar, warum gut achtzig Prozent unseres Immunsystems dort der Hauptbeschäftigung nachgehen, nämlich (Körper-) Fremdes von (Körper-)Eigenem zu unterscheiden, Förderliches aufzunehmen und wenn nötig Schädliches zu bekämpfen und auszuscheiden. In sämtlichen naturheilkundlichen Medizinrichtungen ist daher der Magen-Darm-Trakt seit jeher der Ort, wo sowohl Gesundheit als auch Krankheit entstehen. »Der Tod sitzt im Darm«, sagte schon Paracelsus (1493–1541). Salutogenetisch ausgedrückt würden wir heute sagen: »Die Gesundheit beginnt im Darm.«

Aus neuesten Studien wissen wir, dass unser Verdauungsorgan nicht nur ein langer Schlauch mit vielen Zotten und diversen Verdauungssäften ist, sondern auch die Heimat einiger Hundert verschiedener Bakterienstämme. Wir beherbergen gut eineinhalb bis zwei Kilogramm bakterielle Mitbewohner, die ein Eigenleben haben und stark mit uns interagieren. Ist die Bakteriengesellschaft in unserem Darm vielfältig und die Ernährung optimal, produzieren unsere Mitbewohner Vitamine, Fettsäuren und Aminosäuren für uns. Damit pflegen sie die Darmzellen und sorgen gleichzeitig für ein Milieu, das keine krankmachenden Keime zulässt. Interessant ist auch, dass mindestens ebenso viele Bakterien in und auf uns leben, wie wir eigene menschliche Zellen haben. Man könnte also behaupten, dass eigentlich wir Menschen die Mitbewohner unserer Bakterien sind!

> Der Mensch hätte sich ohne Symbiose mit Bakterien nie so weit entwickeln können.

Hinzu kommt, dass unser Verdauungssystem mit etwa hundert Millionen Nervenzellen versehen ist, die in ständigem Kontakt mit unserem zentralen Nervensystem, dem »Kopf-Hirn«, sind. Man spricht vom »enteralen« Nervensystem oder auch dem »Darm-« oder »Bauch-Hirn«. Die »Darm-Hirn-Verbindung« steht im Zentrum aktuellster Forschung, und man ist sich einig, dass der Darm mehr mit unserem Gehirn »spricht« als umgekehrt das Gehirn mit dem Darm. Dieser Kommunikationsfluss läuft gemäß neuesten Erkenntnissen auf drei Ebenen ab. Einerseits kommunizieren die beiden »Gehirne« mit denselben Hormonen, sie sprechen also dieselbe Sprache. Zweitens gehen etwa achtzig Prozent der Funksignale über den sogenannten Vagusnerv ganz direkt vom Darm zum Hirn. Drittens produzieren unsere Darmbakterien auch Botenstoffe, die über die Blutbahnen via Leber bis zu unserem Gehirn und den übrigen Körperorganen gelangen. Experten gehen davon aus, dass gut achtzig Prozent der im Blut zirkulierenden Stoffwechselprodukte von unseren Darmmitbewohnern abstammen. Nicht schlecht, oder?

Unser »Darm-Hirn« sendet etwa viermal mehr Informationen in unser »Kopf-Hirn« als umgekehrt.

Warum die lange Vorrede? Nun, unser tägliches Brot ist auch dasjenige unserer Darmbewohner oder das, was nach der Aufnahme im Dünndarm übrig bleibt. Was im Magen und oberen Dünndarm nicht aufgespalten beziehungsweise richtig verdaut und entsprechend in den Körper aufgenommen werden kann, landet schlussendlich im Dickdarm. Dort wartet der größte Teil unserer Bakteriengesellschaft auf ihr Futter. Je nach »Fütterung« begünstigen wir die eine oder andere Bakterienfamilie, die sich entsprechend vermehren kann. Pflegen wir beispielsweise die »Zuckeresser-Bakterien« mit reichlich Kohlenhydraten aus der Nahrung, dann wächst diese Bakterienfamilie und gibt unserem »Kopf-Hirn« das Signal, mehr davon zu essen. So sichert sie ihr Überleben und verdrängt andere Familien beziehungsweise Bakterienstämme. Es gibt bereits konkrete Hinweise aus der Forschung, nach denen etwa Übergewichtige sowie Menschen mit Depressionen oder chronischen Krankheiten eine andere Bakteriengesellschaft in ihrem Darm beherbergen als Normalgewichtige oder Gesunde. Mit jeder Mahlzeit können wir also mitbestimmen, welche Bakterienfamilie wir füttern und welche Appetitsignale wir somit künftig erhalten werden.

Du bist, was du verdaust und was deine Bakterien dir sagen.

Jede Krankheit beginnt mit einer immunologischen Reaktion beziehungsweise mit Entzündungen und steht entsprechend in mindestens achtzig Prozent der Fälle direkt mit dem Magen-Darm-Trakt in Verbindung. Im Falle eines Infekts reagiert unser Immunsystem kurz und heftig, was sich etwa mit Fieber, Schwellungen oder Schmerzen bemerkbar macht. Solange, bis der gefährliche Eindringling beseitigt ist. Ist unser Magen-Darm-Trakt als Eingangstor jedoch längerfristig beschädigt, etwa »verklebt« oder sogar »löchrig«, dann können schädliche Substanzen in unser System eindringen und das Immunsystem sowie die Leber fordern und mit der Zeit überfordern. Wie gravierend die Folgen sind, zeigt die deutlich steigende Anzahl von Autoimmunkrankheiten, wie etwa multiple Sklerose oder rheumatoide Arthritis. »Autoimmun« bedeutet quasi »Selbstangriff«. Chronische Krankheiten können sich manifestieren, sie sind nicht wie ein Infekt kurz und heftig, sondern langanhaltend und leise – man spricht von »stillen Entzündungen«. Entsprechend schwierig und langwierig fallen häufig die Diagnose und die Therapie aus. Aber wer denkt bei chronischen Gelenkschmerzen schon an die Ernährung als relevanten Mitverursacher?

Jede sogenannte Zivilisationskrankheit wird von stillen Entzündungen begleitet und steht in engem Zusammenhang mit unserer Magen-Darm-Situation, der Leber-Gesundheit und damit ursächlich mit unserer Ernährung.

Lange Zeit wurde angenommen, dass unser gesundheitliches Schicksal allein in den Genen verankert ist. Aus dem Forschungsbereich der »Epigenetik« wird nun klar, dass dies nur bedingt der Fall ist. Unsere Gene werden zwar durch unsere Vorfahren sowie durch die Zeit im Mutterleib entscheidend geprägt, doch sind viele dieser epigenetischen Prägungen in einer oder mehreren Generationen veränderbar. Forscher sprechen davon, dass maximal 25 Prozent unseres Gesundheitszustandes von der Genetik abhängig sind. Das bedeutet, dass wir zu 75 Prozent unser genetisches beziehungsweise gesundheitliches Schicksal selbst in der Hand haben. Genial, oder?

Wenn Ernährung und Lifestyle stimmen, hat der Mensch das genetische Potenzial, 150 Jahre alt zu werden.

Das sogenannte »Human-Genome-Project« hat in zehn Jahren Forschung gezeigt, dass der moderne Mensch, der Homo sapiens, zu 99,9 Prozent dieselben Gene hat. Wir sind sozusagen eine einzige Menschenfamilie. Unsere Individualität entsteht erst durch Umweltfaktoren. Das sind zum Beispiel geografische und klimatische Bedingungen und insbesondere auch unsere Ernährungsweise. Ob wir gedeihen oder nicht, hängt davon ab, welche Reize auf unsere Zellrezeptoren treffen und wie wir darauf reagieren. Die Reize aktivieren einen Abschnitt im Bauplan der DNA, welche eine Antwort etwa in Form von Enzymbildung ergibt. Wird zum Beispiel etwas Verbranntes gegessen, dann aktiviert dieser Reiz diejenigen Genabschnitte, die Enzyme codieren, die die giftigen Rußpartikel beseitigen können. So bleiben die Zellen geschützt und der Stoffwechsel funktionstüchtig.

Vereinfacht zusammengefasst könnte man sagen, dass unsere Gene unsere »Hardware« und unser Lifestyle (Essgewohnheiten, Bewegung, Schlafgewohnheiten und so weiter) unsere »Software« sind. Wobei die Software unseren individuellen Gesundheitszustand zu einem sehr viel größeren Teil bestimmt als die Hardware.

Mit dem, was wir essen und trinken, können wir bestimmte Gene aktivieren oder auch stilllegen und somit unser genetisches und gesundheitliches Schicksal täglich aktiv mitbestimmen.

WANN VERDAUUNG UND REGENERATION STATTFINDEN

Wir sind zu einem Großteil dem Rhythmus unserer Körperzellen unterworfen. Das bestätigen auch die neuesten Erkenntnisse aus der Chronobiologie[4]. Was in der Naturheilkunde längst gelehrt wird, wurde 2017 mit dem Nobelpreis für Medizin ausgezeichnet. Ein Lifestyle im Rhythmus des Körpers ist langfristig unabdingbar für die Gesunderhaltung beziehungsweise Genesung des Körpers sowie der Psyche.

Und so tickt unsere Verdauungs-und Regenerationsuhr tatsächlich:

Zwischen 18 und 19 Uhr
ist der ideale Zeitpunkt, um eine warme und gemüsebasierte Abendmahlzeit zu sich zu nehmen. Der Magen fährt seine Funktion **zwischen 19 und 21** Uhr langsam herunter, sodass schwere Speisen zu dieser Uhrzeit nicht mehr ausreichend zersetzt und verdaut werden können. Eine kleine und leichte Abendmahlzeit trägt somit auf Dauer entscheidend zur Verhinderung von Verdauungs- und Schlafstörungen bei. Insbesondere rotes Fleisch mit seinem anregenden und schwer verdaulichen Eiweiß, große Mengen Rohkost und Knabbereien sollten am Abend vermieden werden. Stattdessen helfen beruhigende Tees wie Orangenblüte, Lavendel, Weißdorn, Passionsblume, Kamille und Melisse.

Von 21 bis 23 Uhr
erreichen dann auch Milz und Bauchspeicheldrüse ihr Leistungstief und gehen in die Erholungsphase über. Falls Speisen eines üppigen Abendessens nicht vollständig verdaut werden konnten, belasten sie dann Darm und Leber, sodass deren nächtliche Regeneration gestört wird. Typische Anzeichen für regelmäßig zu späte und/oder zu große und schwere Mahlzeiten sind beispielsweise ein ausbleibendes Hungergefühl und eventuell eine übergroße Müdigkeit am nächsten Morgen.

Von 22 bis 23 Uhr
sind das Immunsystem und die Hormondrüsen hingegen besonders aktiv. Das macht diese Uhrzeit günstig für Entspannungsübungen wie Meditation und Atemübungen, aber auch für Sexualität. In dieser Zeit sollten möglichst keine Medien mehr konsumiert werden, sodass auch das Nervensystem herunterfahren und entspannen kann.

Ab 23 Uhr
sinkt die Ausschüttung des Stresshormons Kortisol, damit der Parasympathikus (entspannte Stoffwechsellage) langsam aktiv werden kann. Vor Mitternacht zu Bett gehen, ist daher ideal für eine nachhaltige Regeneration.

Danach, gegen 23 bis 24 Uhr
fahren alle Vitalfunktionen des Stoffwechsels (Herzfrequenz, Blutdruck) herunter, die Körpertemperatur sinkt, wir werden träge und die Tiefschlafphase setzt ein.

Ab Mitternacht bis etwa 1 Uhr
kommt der Körper in die Regenerationsphase beziehungsweise Reparaturphase mit einer hohen Zellteilungsrate. Anzeichen dauerhaft fehlender Regeneration zu dieser Uhrzeit ist unter anderem ein Hautbild, das nicht dem Alter der Person entspricht (z. B. Falten, Augenringe und matter Teint).

4 *Chronobiologie (gr. chrónos »Zeit«, Biologie = Lehre der lebenden Natur), auch »circadianer Rhythmus« oder »biologischer Rhythmus« genannt, untersucht die zeitliche Organisation physiologischer Prozesse und wiederholter Verhaltensmuster von Organismen.*

Von 1 bis 2 Uhr
ist unsere Leistungsfähigkeit auf dem Tiefpunkt angelangt.

Von 2 bis 3 Uhr
wird die Kälte besonders empfindlich wahrgenommen. Zu dieser Uhrzeit steigert die Leber ihre Aktivität und entgiftet den Körper mithilfe spezifischer Enzyme. Es ist zu beobachten, dass Menschen mit einer überlasteten Leber in dieser Phase regelmäßig aus dem Schlaf erwachen.

Zwischen 3 und 4 Uhr
kommt es zum Höhepunkt der Melatonin-(Schlafhormon) Ausschüttung, was uns in die Tiefschlafphase versetzt. Intensive Träume (»emotionale-Entgiftung bzw. Verarbeitung«) sind in dieser Phase ebenfalls häufig zu beobachten. Man nennt diese Phasen auch »REM«-Phasen (eng. Rapid-Eye-Movement), da sich die Augen bei besonders lebhaften Träumen unter den Augenlidern schnell bewegen.

Von 5 bis 6 Uhr
beginnt dann der Blutdruck langsam wieder anzusteigen. Das aktivierende, männliche Geschlechtshormon Testosteron steigt ebenfalls an und wird später (**zwischen 7 und 8 Uhr**) gemeinsam mit dem Kortisol den Höchststand erreichen und zum Aufwachen beitragen. Zu diesem Zeitpunkt hat sich in der Regel die Melatoninproduktion auch aufgrund des auftretenden Tageslichts reduziert.

Zwischen 7 und 9 Uhr
fährt der Magen seine Funktion wieder hoch, womit die Verdauung nach der nächtlichen Regenerationsphase wieder aktiv wird. Im Idealfall kommt es nach dem Aufstehen und eventuell nach etwas körperlicher Aktivität zum ersten Stuhlgang. Das ist ein Zeichen dafür, dass die vorangegangene Abendmahlzeit optimal war, und das Signal, dass der Körper bereit ist für die erste Mahlzeit des Tages (engl. breakfast: »Fasten brechen« nach der nächtlichen Nüchtern-Phase).

Um ca. 10 Uhr
erreicht der Testosteronspiegel, welcher bis dahin stetig weitergestiegen ist, seinen Höhepunkt des Tages, womit zu dieser Tageszeit im Normalfall die höchste geistige Aufmerksamkeit und körperliche Leistungsfähigkeit zu verzeichnen ist.

Zwischen 11 und 13 Uhr
erreicht der Herz-Meridian sein Leistungshoch. Die Sonne steht am Mittag im Zenit, weshalb diese Zeit dem Element Feuer zugeordnet wird. Das Freisetzen von Energie aus der Nahrung ist zur Mittagszeit entsprechend effektiv, was das Mittagessen zur Hauptmahlzeit des Tages macht. Alle Geschmacksrichtungen und die drei Komponenten Gemüse, Eiweiß- und Stärkebeilage sollen in Kombination mit verdauungsfördernden Gewürzen bei dieser Mahlzeit vertreten sein. Auch sonst Schwerverdauliches wie rotes Fleisch und Rohkost kann zu dieser Zeit meist besser verdaut werden, sofern der Stoffwechsel nicht im Sympathikus (Stressstoffwechsel) läuft. Einige tiefe Atemzüge vor der Mahlzeit können helfen, den Entspannungsstoffwechsel bewusst zu aktivieren, was zur vermehrten Produktion von Verdauungssäften beiträgt. In der Mittagspause sollte das Herz entspannen können, um Kraft für die zweite Tageshälfte zu schöpfen. Daher wäre es sinnvoll, diese Zeit eher für ein »Powernap« und nicht für Sport oder geschäftliche Meetings zu nutzen.

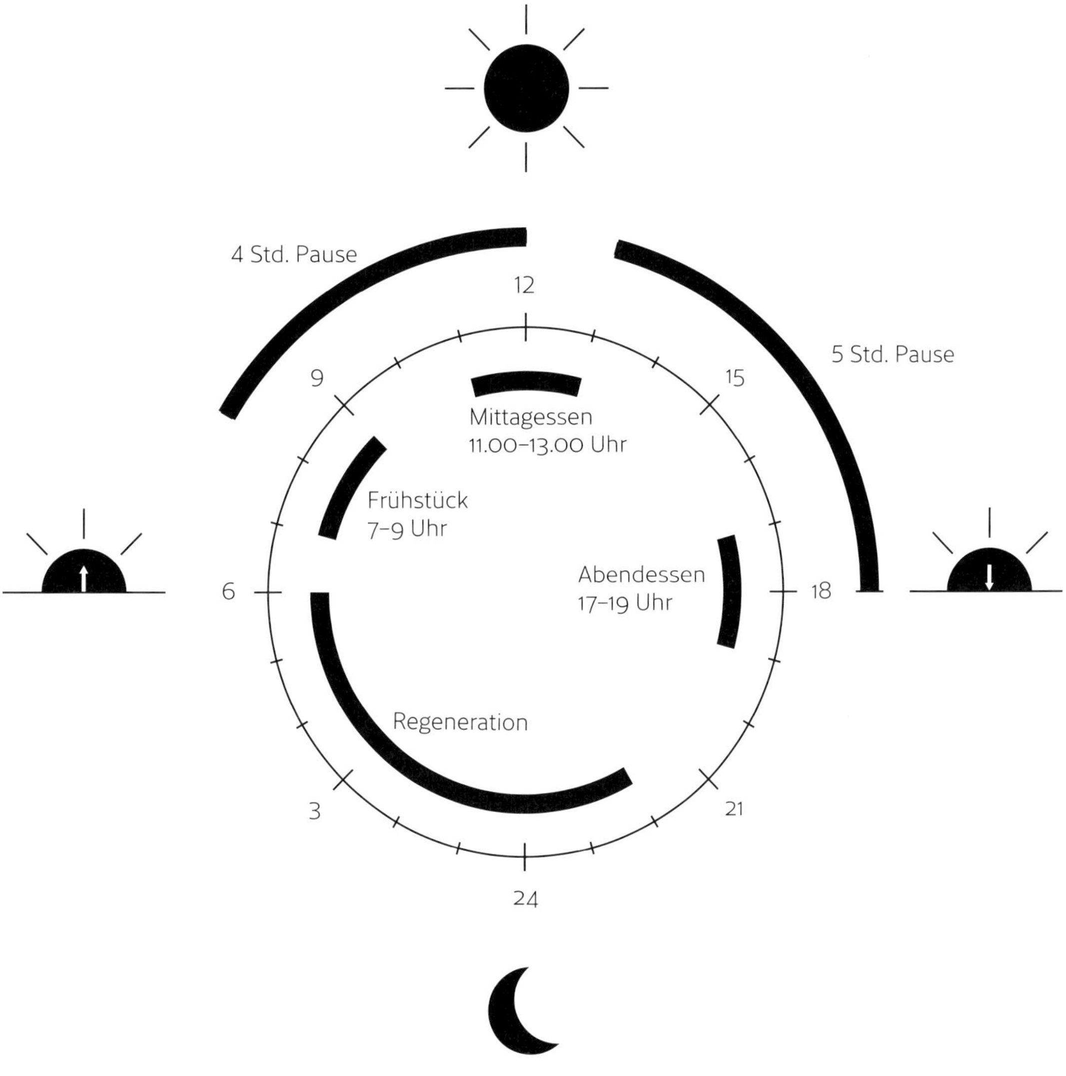

Danach, von etwa 13 bis 15 Uhr
kommt der Dünndarm ins Spiel. Dort entscheidet sich, was von der Mahlzeit aufgenommen und zu (Körper-) Eigenem gemacht wird und was nicht. Eine zu große oder zu kohlenhydratlastige und/oder sehr fettreiche Nahrung zur Mittagsmahlzeit kann in dieser Zeit zu einem Energietief mit starker Müdigkeit und eventuell Hunger auf Süßes führen. Dies ist oft Ausdruck der überlasteten Leber und Galle, die in diesem Zeitraum ihr Leistungstief haben. Statt eines Kaffees würden dann gallentreibende Tees wie Pfefferminz- oder Ingwertee sowie Bitterstoffe Abhilfe schaffen.

Am Nachmittag zwischen 15 und 17 Uhr
ist unsere Koordinations- und Reaktionsfähigkeit am höchsten. Zwischenmahlzeiten sind grundsätzlich nicht nötig, da der Verdauungstrakt **bis etwa 17 oder 18 Uhr** mit der Verdauung des Mittagessens beschäftigt ist. Zeitig Feierabend zu machen und **zwischen 17 und 18 Uhr** Sport zu treiben, wäre optimal, da in dieser Zeitspanne der Kreislauf und die Muskulatur besonders fit sind. Danach beginnt die Regenerationsphase der inneren Organe und somit der Kreislauf wieder von vorne.

Wertvolle Pausen im Tagesrhythmus

Wer sich wenig bewegt und am Morgen oder Abend kaum Hunger verspürt, kann das Abendessen oder Frühstück mit gutem Gewissen auslassen (sofern die anderen Mahlzeiten vollwertig waren). Obwohl früher die Empfehlung lautete, am Morgen wie ein Kaiser zu frühstücken, kann eine Verlängerung der nächtlichen Nüchternphase auf 16 bis 18 Stunden gesundheitliche Vorteile mit sich bringen. Man spricht von Intervall- oder intermittierendem Fasten. Wer regelmäßig eine solche Fastenphase einhält und somit die Kalorienzufuhr um rund 30 Prozent reduziert (also eine von drei Mahlzeiten auslässt), lenkt seine Gene in eine gesunde Richtung. Denn nicht nur Essen zur richtigen Zeit ist entscheidend. Auch das gezielte Einhalten von Pausen im Tagesrhythmus hat einen Effekt auf Gene und Stoffwechsel.

Folgende fünf Effekte sind dabei hervorzuheben:

1 Der Kohlenhydratstoffwechsel wird positiv beeinflusst, indem sich zum Beispiel die Wirkung des blutzuckersenkenden Hormons Insulin verbessert (Steigerung der Insulinsensitivität). In der Folge muss der Körper weniger Insulin produzieren, was die Bauchspeicheldrüse entlastet. Beides trägt entscheidend zur Vorbeugung von Diabetes bei.

2 Gewisse Genabschnitte werden durch sogenannte Deacetylierung stillgelegt und andere aktiviert. Ein Enzym mit dem Namen »Sirutin-1« wird dann vermehrt produziert. Dieses Enzym hilft dabei, die Fettverbrennung zu aktivieren, wodurch die Energiegewinnung in den Zellen effizienter und die oxidative Schädigung minimiert wird. Das heißt schließlich: mehr Energie, weniger ungünstige Stoffwechselabfälle und eine bessere Gewichtsregulation für den Körper. Sirutin-1 wird übrigens auch durch sekundäre Pflanzenstoffe, die in Rotwein, Beeren, Zwiebeln und Kapern enthalten sind, aktiviert.

3 Die Deacetylierung der Gene hat einen weiteren positiven Effekt. Sie führt zur Verminderung des p53-Moleküls. Dieser Mutant steht gemäß aktuellen Studien mit der Entstehung und dem Wachstum vieler Krebsarten in Verbindung. Somit kann durch Fastenzeiten das Risiko für die Entstehung und das Wachstum von Krebszellen reduziert werden.

4 Ein weiterer epigenetischer Prozess ist die sogenannte Methylierung. Dabei wird bei einigen Genen eine Methylgruppe angehängt (Hypermethylierung), bei anderen wiederum wird dieser Teil entfernt (Demethylierung). Dadurch werden Genabschnitte freigelegt und die dort codierte Information ablesbar, andere nicht. Die Kalorienreduktion sorgt dafür, dass die tumorunterdrückenden Gene vermehrt aktiv werden und somit ebenfalls eine Krebsentstehung verhindert werden kann.

5 Jede Nahrungszufuhr bedeutet, dass eine geballte Menge fremdes Eiweiß in unseren Organismus kommt. Das erfordert nicht nur eine enorme Verdauungsleistung, sondern fordert insbesondere auch unser Immunsystem. Weniger Mahlzeiten erlauben unserem Verdauungs- und Immunsystem ausreichend Erholungsphasen und Zeit, sich auf die nächste Mahlzeit vorzubereiten. Damit kann das Risiko für das Auftreten von Allergien und Autoimmunkrankheiten längerfristig gesenkt werden. Übrigens auch die körpereigene Entgiftung ist dadurch effizienter, denn unser genialer Körper räumt auf, wenn sonst nichts zu tun ist.

Alles in allem helfen gezielte und längere Mahlzeitenpausen den sogenannten Zivilisationskrankheiten vorzubeugen und können sogar die Lebensdauer verlängern. Zugrunde liegt ein Reaktionsmuster, das wohl auf unsere »Steinzeit-Software« zurückzuführen ist – auf den Nahrungsüberfluss ist der menschliche Organismus einfach (noch) nicht eingestellt.

BESONDERS VERTRÄGLICHE LEBENSMITTEL

Damit Essen tatsächlich zur Medizin wird, bildet das »LOGI«-Prinzip die Basis der Rezepte in diesem Buch. LOGI steht für die englische Bezeichnung »Low Glycemic and Insulinemic Diet«. Mit LOGI wird also ein stabiler und niedriger Blutzucker- und Insulinspiegel angestrebt. Als Hauptmerkmal dieser Ernährungsform gilt die Kohlenhydrat- beziehungsweise Zuckerreduktion zugunsten hochwertiger, vor allem pflanzlicher, aber auch tierischer Eiweißquellen sowie pflanzlicher Fette und Öle. Diese Nährstoffkombination (siehe Bild Seite 17) wirkt besonders sättigend, liefert eine Fülle von Mineralien, Vitaminen und vor allem sekundären Pflanzenstoffen[5]. Durch die lang anhaltende Sättigung können die angestrebten vier bis fünf Stunden Pause zwischen den Mahlzeiten gut eingehalten werden, was die zentralen Stoffwechselorgane Bauchspeicheldrüse, Darm und Leber entlastet. Zwischen den Mahlzeiten werden insgesamt 1½ bis 2 Liter Wasser und ungezuckerte Tees getrunken, bei Wärme und sportlicher Tätigkeit idealerweise 2 bis 3 Liter.

Die LOGI-Empfehlungen von Dr. Nicolai Worm werden zusätzlich durch antientzündlich wirkende Gewürze, Kräuter und Getränke ergänzt, potenziell entzündungsfördernde Lebensmittel werden ersetzt.

5 *Sekundäre Pflanzenstoffe sind Bestandteile von Gemüse, Früchten, Hülsenfrüchten, Nüssen, Vollkornprodukten, Kräutern und Gewürzen. Sie geben pflanzlichen Lebensmitteln ihre Farbe und ihr Aroma, dienen als Abwehrstoffe gegen Schädlinge und Krankheiten und regulieren das Pflanzenwachstum. Für den Menschen haben diese Stoffe enorm viele gesundheitliche Vorteile.*

6 *Achtung: Grapefruitsaft hat als mittelstarker Hemmer von CYP3A4 im Darm das Potenzial, Arzneimittel-Interaktionen zu verursachen, unerwünschte Wirkungen auszulösen oder in selteneren Fällen die Wirksamkeit von Medikamenten zu reduzieren. Daher sollte bei Medikamenteneinnahme auf den Konsum von Grapefruits vorsichtshalber verzichtet werden.*

Folgende Lebensmittel stehen im Zentrum:

Getränke
Täglich 1½ bis 3 Liter Wasser oder ungesüßter Tee = ca. 5 Gläser Wasser (1 Glas = 300 ml) und 3 Tassen Tee (1 Tasse = 200 ml)

Wasser ohne Kohlensäure (sie führt dem Körper unnötig Säure zu), Leitungswasser zum Beispiel mit Zitronensaft und Ingwer, Grüntee, Yerba-Mate, Ingwertee, Rooibostee, Hagebuttentee, Fencheltee usw. Kräutertees sind empfehlenswerter als Früchtetees. Ergänzend: Reismilch, Mandelmilch, Hafermilch (ungezuckert)

Gemüse
Mindestens zweimal, besser dreimal pro Tag 1 Portion (1 Portion = 1 Handvoll)

Algen, Austernpilze, Brokkoli, Brunnenkresse, Champignons, Chicorée, Eisbergsalat, Endivie, Fenchel, Frühlingszwiebel, Gemüsezwiebel, grüne Erbsen, grüne Bohnen, Grünkohl (Kale), Gurke, Karotten, Kohlrabi, Kopfsalat, Krautstiel (Mangold), alle Kürbisse, Lauch, Löwenzahnblätter, Meerrettich, Pak-Choi (chinesischer Senfkohl), Pastinake, Radicchio, Rande (Rote Bete), Romanesco, Rucola (Rauke), alle Rüben, Schalotten, Sellerie, Shiitakepilze, Spargel, Spinat, Zucchini

Früchte
Etwa zweimal pro Tag 1 Portion (1 Portion = 1 Handvoll) ist aufgrund des enthaltenen Fruchtzuckers ausreichend. Früchte idealerweise vor 16 Uhr genießen, da Rohes dann besser verdaut wird!

Apfel, Aprikose, Birne, Blaubeeren, Brombeeren, Datteln, Feigen, Grapefruit[6], Himbeeren, Holunderbeeren, Johannisbeeren, Kirschen, Kiwi, Limette, Maulbeeren, Nektarine, Pfirsich, Pflaume, Preiselbeeren, Rosinen, Stachelbeeren, Wassermelone, Weintrauben, Zitrone

Öle/Fette/Nüsse/Ölfrüchte
Dreimal pro Tag 1 Portion (davon einmal als Nüsse, Kerne oder Samen und zweimal als Pflanzenöle)

1 Portion = 1 Handvoll: Hanfsamen, Kürbiskerne, Leinsamen, Macadamia, Mandeln, Pekannuss, Pinienkerne, Sesam, Baumnuss (Walnuss)
Heiße Küche: 1 EL Ghee (geklärte Butter), alternativ Bio-Kokosöl (Fairtrade)
Warme Küche: 1 EL Olivenöl (zum Dämpfen/Dünsten)
Kalte Küche: 1 EL Hanföl, Leinöl, Walnussöl (im Kühlschrank lagern)

Hinweis: Pflanzenöle liefern überlebenswichtige und entzündungshemmende Fettsäuren. Diese Fettsäuren finden sich besonders in kalt gepresstem Hanf-, Lein- und Walnussöl. Sie sind extrem hitze-, licht- und sauerstoffempfindlich. Daher sollten diese wertvollen Öle stets im Kühlschrank, in einer dunklen Glasflasche gelagert und nur für die kalte Küche verwendet werden, beispielsweise für Salatsaucen, Suppen, Smoothies oder über bereits gekochtes Gemüse geträufelt.

Eiweißquellen
Zweimal pro Tag 1 Portion (1 Portion = 1 Handvoll; Nicht-Vegetarier: ein- bis zweimal pro Woche Fleisch und Fisch sind ausreichend)

Fleisch: Poulet (Huhn), Strauß, Trute (Pute)
Fisch: Dorade, Eglifilet (Flussbarsch), Felchen, Hecht, Hering, Kabeljau (Dorsch), Karpfen, Lachs/Lachsforelle, Makrele, Regenbogenforelle, Saibling, Sardine, Seebarsch, Stör, Thun (Thunfisch), Zander
Milchprodukte und Eier: Feta, Hühnerei, Naturjoghurt, Mozzarella, Schafs- und Ziegenmilchprodukte
Pflanzliche Eiweißquellen: Adzukibohnen, Augenbohnen, Cannellinibohnen, Pintobohnen, schwarze Bohnen, weiße Bohnen, eiweißreiche Nüsse (Kürbiskerne, Pinienkerne, Mandeln)

Hinweis: Fische aus nachhaltiger Fischerei MSC und in Bioqualität, am besten regionale Seefische bevorzugen.

Stärkebeilage
Mindestens einmal, maximal dreimal pro Tag 1 Portion (1 Portion = 1 Espressotasse Rohgewicht Getreide; Süßkartoffeln = 1 Handvoll). Je mehr Sport getrieben wird, desto mehr kann von dieser Gruppe gegessen werden. Ohne Sport sind zwei Portionen in der ersten Tageshälfte völlig ausreichend.

Amarant, Dinkel/Urdinkel (Mehl und Körner), Hafer, Hirse, Marroni (Edelkastanie), Quinoa, Reis jeder Art, Süßkartoffel

Natürliche Genussmittel
Genussmittel wie Alkohol, Schokolade und Honig sind nicht überlebenswichtig, sie ab und an zu genießen bringt aber dennoch einige gesundheitliche Vorteile mit sich. Hier gilt aber klar der Leitspruch von Paracelus: »Die Menge macht das Gift«:

Rotwein: enthält zell- und genschützendes Resveratrol und Quercetin, die vor Herz-Kreislauf-Erkrankungen und Krebs schützen können.
Schwarze Schokolade (> 70 % Kakaogehalt): Kakao liefert besonders viele Mineralien (z. B. Magnesium) sowie die Aminosäure Tryptophan, die für die Produktion der Glücks- und Schlafhormone benötigt wird.
Honig: enthält über 180 bioaktive Substanzen, die positiv auf die Magen-Darm- und Herzgesundheit wirken. Je dunkler der Honig, desto höher der Gehalt dieser Substanzen (z. B. Pinostrobin). Pinostrobin ist sehr hitzeempfindlich, daher sollte Honig nicht erhitzt werden. Als vegane Alternative Birnendicksaft verwenden.
Birkenzucker (Xylit): ein pflanzlicher Zuckeraustauschstoff, der den Blutzuckerspiegel kaum beeinflusst und halb so viel Kalorien liefert wie Zucker. Außerdem verursacht dieses natürliche Süßungsmittel keine Karies.

Medizin aus dem Gewürzschrank

Einige Hinweise zur Wirkung der Gewürze stammen aus der Volksmedizin, wobei der größte Teil, insbesondere bezüglich der entzündungshemmenden Wirkung, mittlerweile wissenschaftlich belegt wurde. Allen Gewürzen gemein ist die leicht aphrodisierende[7] Wirkung, sodass würzige Speisen auch stets einen positiven Einfluss auf die Stimmungslage haben.

Diese neun Gewürze sollten Sie immer vorrätig haben:

Galgant

Ein weniger bekanntes Mitglied der Ingwergewächsfamilie. Laut Hildegard von Bingen (1098–1179) gilt Galgant als »Gewürz des Lebens«, das als präventive Maßnahme täglich über Speisen gestreut werden kann. Der Grund dafür: Es ist ein

- Stomachikum[8] /Digestivum[9]
- entzündungs- und schmerzlindernd (z. B. bei Arthritis)
- antibakteriell, krebshemmend

Gewürznelken

Im Mittelalter galten sie als magen-, leber- und hirnstärkend. 2010 wurde der Gewürznelkenbaum zur Heilpflanze des Jahres gekürt, kein Wunder bei all diesen Wirkungen:

- Stomachikum/Digestivum
- entzündungs- und schmerzlindernd, besonders reich an Antioxidantien[10] , antibakteriell, antiviral und antiseptisch[11] (dank des enthaltenen Eugenols), kann zum Beispiel bei Akne und Hautpilzen helfen
- wirkt positiv bei Herzbeschwerden, Schwindel, Menstruationsstörungen, Zahnschmerzen (Schleimhäute leicht betäubend)

Ingwer

Seit über dreitausend Jahren ein fester Bestandteil der östlichen, traditionellen Medizin. Er hat aber auch schon längst den Weg in die Küchen und Getränke des Westens geschafft. 2018 wurde er sogar zur Heilpflanze des Jahres gewählt, nicht ohne Grund:

- Digestivum
- entzündungs- und schmerzlindernd, beispielsweise bei Arthritis und Muskelschmerzen, wirkt antibakteriell und kann Husten hemmen
- **Achtung:** Große Mengen können den Körper auch überfordern (nicht mehr als 1 Gramm Pulver pro Tag)

Kardamom

Auch Kardamom gehört zu den Ingwergewächsen und fand den Weg bereits vor einigen Hundert Jahren von Indien und Sri Lanka nach Europa. In den Samen der grünen Kapseln stecken nicht nur eine geballte Ladung Aroma, sondern auch einige heilsame Inhaltsstoffe.

- Digestivum
- wirkt stimulierend auf das Hirn und das Herz-Kreislauf-System, leicht harntreibend (entwässernd)
- schleimlösend, zum Beispiel bei Atemwegserkrankungen (dank des Inhaltsstoffs Cineol)

7 *Aphrodisiakum: Mittel zur Anregung und Steigerung des Geschlechtstriebs und der Potenz.*

8 *Stomachikum: Magenmittel, das den Appetit und die Verdauung anregt und fördert. Hilft bei Magengeschwüren, Magenentzündungen, Magenkrämpfen, Sodbrennen, Völlegefühl, Aufstoßen, Übelkeit (auch Reiseübelkeit) und Erbrechen. Schützt die Magenschleimhaut.*

9 *Digestivum: verdauungsförderndes Mittel. Wirkt wärmend, gallentreibend, appetitanregend, vorbeugend gegen Gallensteine. Kann den Histaminspiegel (ein Entzündungsmediator) senken. Hilft bei Blähungen, Magen- und Darmkrämpfen, Milzleiden, Übelkeit, Verstopfung und Durchfallerkrankungen.*

10 *Antioxidans: Bestandteil, der die Autoxidation bei Kraftstoffen, Kunststoffen, Lebensmitteln u. Ä. verhindert und die Zelle somit vor Schäden schützt.*

11 *Antiseptisch: die Keimzahl z. B. in Wunden oder auf Oberflächen reduzierend.*

Kreuzkümmel
Auch Kumin genannt, gehört wie Fenchel und Kümmel zu den Doldenblütlern. Schon vor viertausend Jahren fand er den Weg in die ägyptische Küche. Seit dem Mittelalter ist er in Europa als Heilmittel etabliert, insbesondere zur Förderung der Verdauung.

- Digestivum
- entzündungshemmend, antibakteriell, antimykotisch[12] (z. B. bei Candida-Befall des Darms)
- verbessert die Entgiftung in der Leber, krebshemmend
- kann außerdem bei Husten und bei Gewichtsreduktion helfen
- wirkt blutfett-, blutzucker- und bluthochdrucksenkend

Kurkuma
Gehört ebenfalls zu den Ingwergewächsen. Wird auch Gelbwurz genannt. Kurkuma gibt dem Curry seine gelbe Farbe und gilt als bestuntersuchtes Gewürz und Heilmittel, vor allem in Bezug auf Entzündungen und die Lebergesundheit (zurückzuführen ist die Wirkung auf den Inhaltsstoff Curcumin).

- Digestivum
- entzündungslindernd und schmerzlindernd, antibakteriell (allgemein desinfizierend), krebshemmend, cholesterinsenkend, blutverdünnend
- schützt die Hirn- und die Leberzellen
- Antidepressivum, Antidiabetikum (jedoch erst bei relativ hohen Mengen Curcumin)

Muskatnuss
»Nach Moschus duftende Nuss«, so ihr mittellateinischer Name. Dieses Gewürz birgt eine Menge positiver Wirkungen für Körper und Geist in sich.

- Digestivum
- entzündungs- und schmerzhemmend, antibakteriell und antiseptisch
- wirkt beruhigend und kann bei Schlafstörungen und allgemeiner Schwäche helfen
- **Achtung**: hohe Dosen (ab ca. 5 Gramm) psychedelisch, giftige Wirkung!

Paprika
Das edelsüße Gewürz aus den Vitamin-C-reichen Paprikafrüchten ergänzt nicht nur farblich jedes würzige Gericht.

- Digestivum
- reich an entzündungshemmenden sekundären Pflanzenstoffen (Flavonoide und Carotinoide)
- Nicht zu verwechseln mit Cayennepfeffer. Cayenne ist eine scharfe Chilischote, die eine deutlich höhere Menge an Capsaicin enthält. Dieser scharfe Inhaltsstoff wirkt gefäßerweiternd und kann beispielsweise helfen, den Blutdruck zu senken.

Zimt
Bereits im antiken Griechenland wurde er von Hippokrates erwähnt und im Mittelalter als Heilmittel bei Gicht geschätzt. Es wäre wirklich schade, wenn dieses wunderbare Gewürz nur zur Weihnachtszeit den Weg in die Küche fände.

- Stomachikum/Digestivum
- Gilt insbesondere als blutzuckerstabilisierend und -senkend. Zimtextrakt kann vor allem bei Typ-2-Diabetes erfolgreich zur Anwendung kommen.
- entzündungs- und schmerzlindernd, krebsvorbeugend, harntreibend/-reinigend
- antibakteriell, zum Beispiel bei Salmonellen, antimykotisch, etwa bei Candida-Befall
- Der Geruch allein wirkt schon anregend auf die Gehirnfunktion (optimiert die Konzentration und Gedächtnisleistung).

12 Antimykotisch: gegen Pilze wirkend.

Medizin aus dem Kräutergarten

Kräuter dienen nicht nur zum Verfeinern von Speisen, sondern haben auch eine gesundheitsfördernde Wirkung. Wichtig ist dabei jedoch nicht, von einem Kraut besonders reichlich zu essen, sondern vor allem verschiedene Kräuter miteinander zu kombinieren. Als Faustregel gilt, mindestens fünfmal pro Woche verschiedene Kräuter kombiniert in den Speiseplan einzubauen, wobei frische Kräuter gegenüber den getrockneten viel mehr gesundheitsfördernde Substanzen wie zum Beispiel ätherische Öle liefern. Die nachfolgenden Wirkungen konnten aus der Volksmedizin, aber teilweise auch in wissenschaftlichen Studien beobachtet werden.

Diese neun Kräuter sollten Sie immer vorrätig haben:

Basilikum
Wird auch Königskraut genannt und wurde bereits von den alten Römern als eine Art Kaugummi gegen Mundgeruch verwendet. Die folgenden Wirkungen sind den enthaltenen ätherischen Ölen zuzuschreiben, die vor allem in wilden und frischen Arten enthalten sind:
- Stomachikum/Digestivum
- wirkt entzündungshemmend, zellschützend (antioxidativ und krebsvorbeugend)
- leicht harntreibend, gilt als blutdrucksenkend (sowie antithrombotisch)
- wirkt konzentrationsfördernd, hilft bei Stress und Asthma
- hilft aufgrund des enthaltenen Chlorophylls[13] gegen Mundgeruch

Dill
Auch er gehört, wie Koriander und Kreuzkümmel, zur Familie der Doldenblütler. In Europa lässt sich seine Verwendung als Küchenkraut bereits vor etwa fünftausend Jahren nachweisen. Die alten Ägypter sowie mittelalterliche Mönche und auch Hildegard von Bingen nutzten ihn als Heilpflanze (v. a. aufgrund des ätherischen Öls Carvon).
- Stomachikum/Digestivum
- antimykotisch, vor allem gegen Candidapilze
- hilft bei Mundgeruch und wurde lange Zeit bei Schluckauf eingesetzt
- fördert den Milchfluss beim Stillen und ist leicht harntreibend (entwässernd)

Koriander
Stammt aus dem Mittelmeerraum und gehört wie Kreuzkümmel zu den Doldenblütlern. Er gilt als eines der ältesten Kräuter der Welt. Bereits in babylonischen Gärten soll er kultiviert worden sein, später lobte ihn Hippokrates für seine medizinische Wirkung.
- Stomachikum/Digestivum
- wirkt leicht harntreibend (entwässernd) sowie leicht blutzuckersenkend
- entzündungshemmend, antioxidativ, antibakteriell (z. B. gegen Salmonellen), antimykotisch, antiviral[14]
- kann die Schwermetallausleitung unterstützen

Lorbeer
Die Asklepios (griechischer Gott der Heilkunst) zugeordnete Pflanze soll der Sage nach sogar Tote zum Leben erwecken können. Dies stimmt natürlich nicht, dennoch hat der Lorbeer einiges an Wirkungen zu bieten:
- Digestivum
- antibakteriell (z. B. bei Atemwegsbeschwerden), antimykotisch
- unterstützend bei Konzentrationsstörungen, wirkt ausgleichend und entspannend bei Überanstrengung
- leicht harntreibend (entwässernd/reinigend)

13 *Chlorophyll: der Assimilation dienender grüner Farbstoff in den Pflanzenzellen, Blattgrün.*
14 *Antiviral: gegen Viren gerichtet, v. a. vorbeugend.*

Oregano

Auch Wilder Majoran genannt, stammt aus dem Mittelmeerraum und gilt als das natürliche Antibiotikum schlechthin. Sogar gegen multiresistente Keime (sofern er frisch ist oder als Öl verabreicht wird) kann er helfen.

- Digestivum
- entzündungshemmend (v. a. durch die enthaltene Urolsäure), antioxidativ (Flavonoide und Phenolsäuren), antibakteriell sowie extrem antimykotisch (z. B. bei Candida-Befall), krebshemmend
- blutverdünnend und dadurch vorbeugend gegen Thrombose

Petersilie

Im antiken Griechenland galt sie als heilige Pflanze, und auch heute ist Petersilie weit mehr als nur eine Dekoration von Speisen.

- reich an Eisen, Fluorid, Mangan, Kalzium, Magnesium, Phosphor, Vitamin A, E, C
- wirkt entwässernd (kann Nieren- und Blasensteinen vorbeugen), blutdrucksenkend, entgiftend und antidiabetisch (Diabetes vorbeugend)
- entzündungshemmend (aufgrund des enthaltenen Chlorophylls), ätherische Öle wirken zellschützend
- menstruationsfördernd (Schwangere sollten keine zu großen Mengen essen, um Frühgeburten zu vermeiden)

Rosmarin

Der lateinische Name *Rosmarinus officinalis* zeigt es an: *Ros marinus* bedeutet übersetzt »Tau des Meeres«. Der Tau sammelt sich nachts auf den Blüten der robusten Pflanze, die im Mittelmeerraum gedeiht.

- Digestivum
- zur Stärkung und Beruhigung der Nerven (kann die Entstehung von Alzheimer und anderen neurodegenerativen Krankheiten hemmen)
- wirkt anregend auf den Herz-Kreislauf und die Durchblutung
- Gerb- und Bitterstoffe regen die Leber-/Gallen-Tätigkeit an
- entzündungs- und schmerzlindernd, antibakteriell
- **Achtung:** Zu viel Rosmarin (mehr als 6 Gramm Blätter pro Tag oder 20 Tropfen ätherisches Öl) kann Krämpfe und unangenehme rauschähnliche Zustände auslösen!

Schnittlauch

Das Kraut aus der Lauchfamilie soll bereits von den alten Römern zur Linderung von Sonnenbrand und Halsschmerzen genutzt worden sein.

- Digestivum
- gilt als cholesterin- und blutzuckersenkend sowie vorbeugend gegen Herz-Kreislauf-Erkrankungen (dank wertvoller Schwefelverbindungen und der entwässernden Wirkung)
- reich an Vitamin A, C, Magnesium, Kalium, Kalzium, Phosphor und Eisen
- wirkt leicht antiseptisch, antioxidativ (zellschützend)

Thymian

Kraft und Mut – der altgriechische Begriff Thymos verspricht viel. Bereits Hippokrates setzte den Thymian als Arzneimittel bei Atemwegserkrankungen ein. Im Jahr 2006 wurde er zur Arzneipflanze des Jahres gekürt.

- Digestivum
- kann zusammen mit anderen Kräutern helfen, den Blutzucker zu senken
- entzündungshemmend, antibakteriell (auch bei resistenten Keimen), antiviral, antimykotisch, antioxidativ, krebshemmend (dank Thymol und Carvacrol)
- Schleim- und krampflösend. Wird klassischerweise als Aufguss bei Husten, Heiserkeit und Erkältungen eingesetzt.

Lorbeer

8 Tipps im Umgang mit Gewürzen und Kräutern

Zu den Mengenangaben in den Rezepten:
1 Bund Kräuter entspricht der handelsüblichen Packungsgröße von rund 20 Gramm.

1 Kaufen Sie Gewürze am besten nur dort, wo Sie sicher sein können, dass die Qualität immer gleich gut ist und die Gewürze nicht lange im Regal liegen. Vermeiden Sie Billigware, denn gute Gewürze sind etwas Kostbares. Es lohnt sich, dafür etwas mehr auszugeben.
2 Gewürze sollte man stets trocken, verschlossen, dunkel und wenn möglich kühl aufbewahren. Angebrochene Tütchen gibt man am besten sofort in ein dunkles Glas mit Schraubverschluss oder in eine Gewürzdose. Gewürze dürfen keinesfalls im Schrank über dem Herd oder der Dunstabzugshaube aufbewahrt werden. Dort ist es zu warm und zu feucht.
3 Einige ganz getrocknete Gewürze wie Wacholderbeeren, Fenchel- und Anissamen oder auch Piment-, Pfeffer- und Korianderkörner können ihr Aroma noch besser entfalten, wenn man sie vor Gebrauch leicht röstet und dann mörsert.
4 Würzen ist Erfahrungssache: Vor allem ausgefallene Gewürze wie Sternanis, Nelken und scharfe Gewürze wie Chili sollte man zunächst vorsichtig verwenden.
5 Beim Würzen von kochenden Speisen sollte man die Gewürzmühlen und Gewürzstreuer nicht direkt über den dampfenden Topf halten, sondern die Gewürze mit einem Löffel oder von Hand dazugeben. Ansonsten dringt Feuchtigkeit in die Behälter ein und lässt die Gewürze schneller verderben.
6 Bei Kräutern ist Frische entscheidend – nur dann haben sie das volle Aroma und liefern gesundheitlich wertvolle ätherische Öle. Manche Kräuter wie Majoran und Oregano gewinnen beim Trocknen zwar an Aroma, aber viele büßen auch an Geschmack ein. Frische Kräuter immer erst kurz vor der Verwendung waschen, trocken schütteln und zerkleinern.
7 Frische Kräuter lassen sich gewaschen und zerkleinert gut einfrieren.
8 Kräftige Kräuter wie Rosmarin, Oregano und Thymian können mitgegart oder sogar mitgebacken werden. Zarte Kräuter wie Dill, Kerbel und Basilikum hingegen am Ende der Garzeit oder sogar erst zum Servieren dazugeben.

Salz
but not least

Salz ist zentral für die Gesunderhaltung des Körpers, doch wie viel Salz und vor allem welches Salz soll verwendet werden?

- Immer wieder wird vor zu hohem Salzkonsum gewarnt, um negative gesundheitliche Folgen wie Bluthochdruck zu vermeiden. Fakt ist, dass man kaum Gefahr läuft, zu viel Salz zu konsumieren, wenn selbst gekocht wird. Zu viel Salz dagegen versteckt sich in verarbeiteten Produkten, wo es zur Verbesserung des Geschmacks und zur längeren Haltbarkeit eingesetzt wird. Wer viel kaliumreiches Gemüse, zum Beispiel Brokkoli, Grünkohl oder Kohlrabi, als Salz-Gegenspieler auf dem Speiseplan stehen hat und ausreichend Sport treibt, muss sich im Grunde keine Sorgen um einen Überkonsum von Salz machen. Als Orientierung empfiehlt die WHO, 5 Gramm pro Tag nicht zu überschreiten, das entspricht etwa 1 Teelöffel.

- Auch die Art des Salzes sorgt mit dem vielfältigen Angebot immer wieder für Unsicherheit. Empfehlenswert ist Meer- oder Steinsalz ohne Rieselhilfe und ohne künstlichen Jodzusatz. Warum?
  Raffiniertes Salz enthält keine zusätzlichen Mineralien und Spurenelemente mehr. Außerdem ist es oftmals mit Rieselhilfen versetzt, die ein Verklumpen des Salzes verhindern sollen. Diese Rieselhilfen aber sind chemische Substanzen, die giftige Aluminium- und Kaliumverbindungen (Aluminiumhydroxid, Kaliumhexacyanoferrat) enthalten. Wer sein Salz natürlich »entklumpen« will, fügt ungekochte Reiskörner hinzu, diese saugen die Restfeuchtigkeit auf.

- Jodiert oder nicht jodiert? Früher war Jodmangel ein verbreitetes gesundheitliches Problem. Jetzt warnen Mediziner davor, dass zu viel Jod aus unterschiedlichen Quellen ungünstig ist und beispielsweise eine Schilddrüsenunterfunktion auslösen kann. Künstlich jodiertes Salz kann durch natürlich jodiertes Salz und hochwertiges Meersalz ersetzt werden. Für natürlich jodiertes Salz werden dem Meer- oder Bergsalz jodhaltige Algen zugesetzt. In Bioläden und Reformhäusern sind solche Salzmischungen bereits erhältlich. Man kann ein gutes Kräuter-, Berg- oder Meersalz mit getrockneten Algen auch selbst in einem starken Mixer zu einem natürlich jodierten Salz mixen. Schlussendlich sollte man verschiedene Salzquellen nutzen (jodierte und nicht jodierte), so kann sich der Körper holen, was er braucht, ohne überfordert zu werden.

Natron, der basische Küchenheld

Wie bereits unsere Großmütter wussten, ist Natron (Natriumhydrogencarbonat) ein bewährter Küchenhelfer. Es ist preisgünstig in Apotheken und teilweise auch in Drogerien erhältlich.

- »Hartes Wasser« gibt es vor allem in Regionen mit einem hohen Kalk- und Sandsteingehalt im Boden. Das führt dazu, dass zum Beispiel beim Abwaschen mehr Spülmittel benötigt wird oder dass der Geschmack des Wassers beeinträchtigt ist. Mit etwas Natron als Lauge wird das Wasser »weicher« und schmackhafter, und beim Abwasch kann Spülmittel gespart werden (Spülmittel ist auch eine Lauge).

- Hülsenfrüchte sind eine super Eiweiß- und Mineralstoffquelle. Doch viele scheuen sich vor der langen Garzeit. Mit einer Prise Natron im Kochwasser lässt sich die Kochzeit verkürzen, und zudem werden die Hülsenfrüchte dadurch leichter verdaulich.

- Basisches Natron gleicht den Säuregehalt von Gemüsen und Früchten aus. Das kann man sich zunutze machen. Wenn etwa Natron ins Kochwasser von grünem Gemüse gegeben wird, bleibt Magnesium durch den basischen Ausgleich als zentrales Element von Chlorophyll (Blattgrün) an seiner Stelle. So behält das grüne Gemüse beim Kochen seine Farbe. Außerdem dämmt Natron den oft als unangenehm wahrgenommenen Kohlgeruch ein. Grundsätzlich ist aber Dämpfen die Zubereitungsart der Wahl, denn so bleiben die Mineralien definitiv besser erhalten.

- Eine kleine Prise Natron macht Kaffee in seiner Wirkung basischer, sodass Menschen mit empfindlichem Magen ihn dann oft besser vertragen können. Auch bei saurem Aufstoßen kann Natron als Säure-Gegenspieler helfen. Achtung: Zu viel Natron schwächt auf Dauer den Magen!

WAS SIE IN DIESEM KOCHBUCH NICHT FINDEN

Ziel ist es, eine alltagstaugliche Grundernährung zu bieten, die sowohl gesundheitserhaltend als auch gesundheitsfördernd wirkt und den individuellen Bedürfnissen angepasst werden kann. Einige Lebensmittel enthalten pflanzeneigene Abwehrstoffe (Lektine), auf die die Darmschleimhaut und Körperzellen ungünstig reagieren können. In der Praxis sowie in einigen Forschungsarbeiten hat sich gezeigt, dass die Verträglichkeit einzelner Lektine von den spezifischen Blutgruppen-Antigenen abhängt. Menschen mit der Blutgruppe 0 können beispielsweise auf Erdnüsse mit Entzündungen reagieren. Oder sie entwickeln Blähungen, nachdem sie Kohlgewächse oder Hülsenfrüchte wie etwa Linsen gegessen haben. Menschen mit Typ-A-Antigenen vertragen zwar Linsen sehr gut, reagieren aber nachteilig auf Kichererbsen und rotes Fleisch.

Eine antientzündliche Ernährung basiert grundsätzlich auf allgemeingültigen Prinzipien wie beispielsweise dem Einsatz von Gewürzen und hochwertigen Pflanzenölen (siehe Seite 16 bis 29), genetische Merkmale beeinflussen jedoch zusätzlich die Verträglichkeit spezifischer Lebensmittel.

Außerdem sind gewisse Herstellungs-, Verarbeitungs- und Zubereitungsarten nachteilig für einen gesunden Stoffwechsel.

Da in der Schweiz ungefähr 40 Prozent der Menschen Blutgruppe 0 und etwa 45 Prozent Blutgruppe A haben, wurden die Lebensmittel in diesem Buch so gewählt, dass sie für das Immun- und Verdauungssystem dieser Gruppen verträglich sind. So können diese Gerichte ohne komplizierte Anpassungen am Familientisch serviert werden.

Eine antientzündliche Ernährung für die Blutgruppen 0 und A ist frei von:

- Weizen (insbesondere Vollkorn) und grundsätzlich glutenreduziert
- Zucker und künstlichen Süßstoffen wie Aspartam (kleine Mengen an Honig, Birnendicksaft, Birkenzucker und Trockenfrüchte werden eingesetzt)
- tierischer Milch als Getränk (z. B. Kuhmilch)
- Mais und Nachtschattengewächsen wie Tomaten, Auberginen, Peperoni, Kartoffeln
- gewissen Kohlsorten: Weißkohl, Rotkohl, Blumenkohl, Chinakohl
- gewissen Hülsenfrüchten wie Linsen, Kidneybohnen (rote Indianerbohnen), Kichererbsen, Limabohnen sowie von bestimmten Nüssen (Cashewkerne, Erdnüsse)
- verarbeiteten beziehungsweise raffinierten Fetten und Ölen
- rotem und verarbeitetem Fleisch (Schwein, Rind, Kalb, Lamm, Wild)
- schwer verdaulichen Zubereitungsarten wie Frittieren

Achtung:
Die aufgeführten Lebensmittel sind – bis auf Zucht-Weizen – nicht grundsätzlich negativ zu bewerten. Sie wurden lediglich aufgrund der Lektin-Verträglichkeit und der spezifischen Verdauungsleistung der beiden Blutgruppen-Antigene A und 0 so gewählt. Eine Studie aus dem Jahr 2021 an rund 9000 deutschen Personen konnte aufzeigen, dass es einen statistisch relevanten Zusammenhang zwischen der Blutgruppe und der Darmbakterienzusammensetzung gibt. Sowohl die Darmbakterien als auch die Darmschleimhaut reagieren (blutgruppen-) spezifisch auf gewisse Lektine, weshalb diese angeborene immunologische Information in die individualisierte Ernährungstherapie miteinbezogen werden sollte.

WIE DIE REZEPTE AUFGEBAUT SIND

- Die Rezepte sind mit Ausnahme der Basisrezepte und Aufstriche/Saucen jeweils **für 2 Personen berechnet**, sodass für Einzelpersonen einfach die Hälfte verwendet oder für vier Personen die Menge verdoppelt werden kann.
- Auf Zeitangaben für die Zubereitung wurde verzichtet, da diese je nach Routine stark variieren können. Die Gerichte sind aber grundsätzlich alle einfach und in relativ kurzer Zeit zubereitet.
- Die Anzahl der Zutaten ist so gewählt, dass die Rezepte möglichst wenig Zeit in Anspruch nehmen und dennoch ihren gesundheitlichen Nutzen erfüllen können. Eine Art »Slow Fast-Food«, obwohl die Botschaft ist: »Nehmen Sie sich Zeit für Ihre tägliche Medizin, es lohnt sich immer.«
- Mithilfe des »Entscheidungsbaums« (siehe Seite 36, 66 und 100) kann die Menüwahl schnell und gezielt je nach Vorlieben und Zeitaufwand spielerisch getroffen werden. Dabei werden die wichtigsten Hinweise zur Art und Uhrzeit der jeweiligen Mahlzeit erklärt, sodass nebenbei auch das Wissen über die Ernährung erweitert und gleich im Alltag umgesetzt werden kann.
- Die Rezepte sind als einfache »Grundrezepte« zu verstehen, die je nach Geschmacksvorliebe und Saison individuell angepasst werden können.
- Die Gerichte sind nur so hochwertig wie die Qualität der verwendeten Zutaten, weshalb Wert auf regionale und saisonale Lebensmittel in Bioqualität gelegt werden sollte. Der Gehalt an Nähr- und sekundären Pflanzenstoffen ist in Biolebensmitteln nachweislich höher, und die Produktion verursacht weniger umweltschädliche Emissionen (sofern regional).
- Mit Esslöffel (EL) und Teelöffel (TL) ohne weitere Angabe sind immer gehäufte Löffel gemeint. Andernfalls steht der Zusatz »gestrichen« dabei.

Ribes

FRÜHSTÜCK

FRÜHSTÜCK!

Ja, mein Magen knurrt!

Ja

Wie viel Zeit kannst du dir nehmen?

Wenig
Erst mal ein warmes Glas Wasser als »Dusche von innen«.

Hast du einen guten Standmixer?

Nein
Kauf dir einen, es lohnt sich! Bis dahin: Schnelles Omelett (S. 38). Oder streich dir ein Dinkelbrot, oder nimm einen Nuss-Rosmarin-Cracker (S. 170, 182).

Ja
Dann mix dir was zum Mitnehmen. Gehe zu den Getränken ab S. 146.

Ich nehme mir Zeit
Eine Tasse Ingwertee weckt den Magen.

Lust auf süß oder salzig?

Salzig
- Eieiei (S. 40)
- Haferplätzchen (S. 42)
- Amarant-Pancake (S. 44)
- Grünes Omelett (S. 46)
- Salziger Muffin (S. 48)
- Kräuter-Muffin (S. 50)

Süss
- Fruchtiger Pancake (S. 52)
- Indischer Milchreis (S. 54)
- Würziger Porridge (S. 56)
- Amarant-Porridge (S. 58)
- Hirse-Porridge (S. 60)
- Amarant-Müsliriegel (S. 62)

Nein, hab noch keinen Hunger …

Hast du am Vorabend …
… nach 19 Uhr gegessen?
… nach dem Abendessen gesnackt?
… eine große/schwere Mahlzeit gegessen?
… über den Hunger gegessen?
… zu viel Alkohol getrunken?

Nein
Trink erst mal 300–500 ml Zitronenwasser.

Ja
Dann gönn dir erst mal eine Tasse Gallen-Leber-Tee. Bis zum Mittag viel Wasser trinken (evtl. mit Zitronensaft), bis dann sollte der Hunger zurückkommen.

Hast du in 30 Minuten Hunger?

Nein

Essen nach Hunger statt nach Gewohnheit.

Das ist die goldene Grundregel. Besonders das Frühstück ist für viele eher eine Gewohnheitssache als ein körperliches Bedürfnis. Rituale sind super, ohne Hunger macht Essen aber keinen Sinn. Auf den Körper hören lohnt sich, denn er gibt das Signal, wenn er bereit ist.

Lieber planen statt stressen.

Am Vorabend kann das Frühstück in Ruhe vorbereitet werden. Auch Reste vom Abendessen lassen sich zu einem leckeren Start in den Tag verwandeln. So kann auch ganz einfach Food-Waste vermieden und Geld gespart werden.

Lieber salzig statt süß!

Der salzige Geschmack wirkt anregend und weckt, weshalb ein salziges Frühstück stets die bessere Wahl ist, um am Morgen richtig in die Gänge zu kommen. Außerdem verringert ein salziges Frühstück die Süßlust während des Tages.

SCHNELLES OMELETT

Das einfachste Omelett der Welt mit nur drei Zutaten, die meist zu Hause vorrätig sind. Dieses Omelett kommt sogar ohne Eier aus, dafür kommt die ebenfalls lecithinhaltige Sojamilch zum Einsatz. Lecithin gibt dem Omelett die nötige Konsistenz, sodass es auch ohne Ei problemlos seine Form behält. Der Teig kann am Abend vorbereitet werden, sodass das Omelett am nächsten Morgen in 5 Minuten gebacken und mit einem vorbereiteten Aufstrich im Handumdrehen garniert ist. Wichtig ist die Kombination mit einer Eiweiß- und Gemüsequelle (siehe Füllungen), sodass der Blutzucker nicht in die Höhe schießt und vor dem Mittag eine Hungerkrise nach sich zieht.

Für 4 Stück

6 EL Urdinkelmehl (50 g)
100 ml Sojamilch
½ TL Salz
2 EL Ghee (geklärte Butter, siehe Seite 168) oder Kokosöl zum Braten

Die Zutaten für den Teig in einer kleinen Schüssel mit einem Schwingbesen oder einer Gabel verquirlen. In einer Bratpfanne nacheinander in etwas Ghee oder Kokosöl zu dünnen Omeletts braten.

Mögliche Füllungen

- Mit Rucola, Gemüseaufstrich und Feta füllen.
- Mit Frühlingszwiebeln, Frischkäse und Parmesan füllen.
- Mit Cannellini-Hummus und geraspelter Karotte füllen.

Tipp

Kann auch als Fladenbrot zu Ofengemüse oder einem Eintopf serviert werden.

EIEIEI MIT DINKELBROT

Dies ist die salzige und eiweißreiche Frühstücksalternative zum klassischen Butterbrot mit Konfitüre. Nur dass diese Variante länger sättigt, mineralstoff- und vitaminreicher und dank der Pflanzenfasern und Bitterstoffe aus Rucola, Schnittlauch und Oregano auch darm- und leberfreundlicher wirkt. Und praktisch ist, dass es sich sowohl als Sandwich zum Mitnehmen als auch zum gemütlichen Sonntagsbrunch zu Hause eignet.

Für das Rührei
1 Frühlingszwiebel
1 Bund Schnittlauch oder andere Kräuter
3–4 Eier
½ TL Kurkumapulver
3 Prisen Salz (z. B. Meersalz oder Steinsalz)
3 Prisen Pfeffer aus der Mühle
3 Prisen edelsüßes Paprikapulver
1–2 TL Ghee (geklärte Butter) oder Olivenöl

Für das Brot
2 Scheiben Urdinkelbrot (siehe Seite 170)
2 Handvoll Rucola
etwas frischer Oregano

1 Die Frühlingszwiebel (samt grünem Teil) und die Kräuter fein schneiden. Die Eier mit Kurkuma, Salz, Pfeffer, Paprikapulver und den Kräutern in einer Schüssel verquirlen.
2 Die Frühlingszwiebel in etwas Ghee oder Olivenöl in einer Bratpfanne leicht anbraten, etwas Salz dazugeben. Die Eier-Gewürz-Mischung hinzufügen und bei niedriger Temperatur unter ständigem Wenden sanft braten, bis das Ei stockt.
3 Das Dinkelbrot toasten. Das Rührei mit dem Rucola auf dem Brot anrichten und mit frischem Oregano garnieren.

HAFER PLÄTZCHEN

Diese Plätzchen enthalten weder Ei noch Käse, was sie besonders leicht verdaulich macht. Mit den Gewürzen – insbesondere Kreuzkümmel – wird die Verdauungskraft am Morgen unterstützt und in Gang gebracht. Die Schleimstoffe aus Leinsamen, Hafer und Frühlingszwiebel pflegen die Magen-Darm-Schleimhaut. Der hohe Pflanzenfaseranteil aus Karotte, Nüssen und Frühlingszwiebel nährt die positiven Darmbakterien. Mit etwas Kräuter-Joghurt-Dip (siehe Seite 180) bekommen die guten Bakterien zusätzliche Verstärkung, was das Frühstück komplett macht.

Für 10 Stück
6 EL Haferflocken (50 g)
3 EL Leinsamen (30 g)
½ Karotte mit Schale
1 Frühlingszwiebel
10 Walnusshälften
1 gestrichener TL Kräutersalz
½ TL Kreuzkümmel
¼ TL edelsüßes Paprikapulver
¼ TL Kurkumapulver
3 Prisen Pfeffer aus der Mühle
1 EL Ghee (geklärte Butter) oder Kokosöl

1 Die Haferflocken und die Leinsamen in 150 ml lauwarmem Wasser in einer Schüssel einweichen.
2 In der Zwischenzeit die Karotte an der Röstiraffel grob raspeln. Die Frühlingszwiebel möglichst klein schneiden, die Walnüsse mörsern oder mit der Hand auf einem Brett zerdrücken und dann mit einem Messer klein schneiden (je kleiner, desto besser hält die Masse später zusammen).
3 Alles zu einem Teig mischen und mit den Gewürzen abschmecken.
4 Aus dem Teig Plätzchen formen und diese in einer Bratpfanne in Ghee oder Kokosöl bei niedriger bis mittlerer Stufe sanft goldbraun braten.

AMARANT HAFER PANCAKES

Amarant ist besonders reich an der sonst vor allem in tierischen Quellen vorkommenden Aminosäure (Eiweißbestandteil) Lysin. Die Kombination mit pflanzlichem Eiweiß aus Amarant und Hafer und dem tierischen aus Eiern macht diesen Pfannkuchen besonders nahrhaft. Als Aufstrich können salzige oder süße Varianten zum Zuge kommen (siehe Basisrezepte ab Seite 164). Falls kein Amarant zu Hause ist, kann auch nur Hafer verwendet werden; dann eventuell noch etwas Wasser dazugeben.

Für 6 Stück

5 EL Amarant (50 g)
6 EL feine Haferflocken (50 g)
2 Eier
1 gestrichener TL Salz
2 EL Ghee (geklärte Butter) oder Kokosöl zum Braten

1. Am Vorabend den Amarant in einer Schüssel mit warmem Wasser einweichen (circa 2 cm hoch überdecken). Über Nacht 8–10 Stunden quellen lassen.
2. An nächsten Tag den Amarant in ein feines Sieb abgießen und gut abtropfen lassen. Den Amarant mit Hafer, Eiern und Salz in den Standmixer geben und alles zu einer luftigen Masse mixen.
3. Den Teig in einer Bratpfanne in etwas Ghee oder Kokosöl zu kleinen Pfannkuchen braten.

Tipps

- Für pinkfarbene Pancakes ein kleines Stück (etwa 30 g) Rande (Rote Bete, gekocht oder roh) mitmixen.
- Der Teig kann zusätzlich mit 2–3 Esslöffeln geriebenem Parmesan verfeinert werden, was dem Ganzen noch mehr Pfiff gibt und die erdige Note der Randen ausgleicht.

GRÜNES POWER OMELETT

Eier sind wahre Nährstoffbomben. Sie liefern nicht nur hochwertiges Eiweiß, sondern auch besonders viel B-Vitamine und Lecithin fürs Nervensystem sowie antientzündliche Carotinoide und Schwefelverbindungen zur Unterstützung der körpereigenen Entgiftung. Zusammen mit der geballten Ladung an Grün (entzündungshemmendes Chlorophyll, Magnesium und Folsäure) ist dieses salzige Frühstück ein richtiger Wach- und Sattmacher – nicht nur fürs Auge!

Für den Teig

2 Eier
1 Handvoll Rucolablätter
1 Handvoll Spinatblätter
2 EL Urdinkelmehl
1 TL Galgantpulver
¼ TL Kräutersalz
2 Prisen Pfeffer aus der Mühle
2 EL Ghee (geklärte Butter) oder Kokosöl zum Anbraten

Für die Füllung

2–3 EL Randen- oder Karottenaufstrich (siehe Seite 172, 176)
100 g Feta

1 Alle Zutaten für den Teig im Mixer zu einer gleichmäßigen Masse pürieren. In einer Bratpfanne in etwas Ghee oder Kokosöl zu zwei Omeletts braten.
2 Mit einem Aufstrich nach Wahl bestreichen und je 50 g Feta darüberkrümeln. Die Omeletts einrollen, fertig!

Tipps

- Die Omeletts können auch mit Trutenaufschnitt (Pute) und einem Aufstrich nach Wahl (siehe Seite 172 – 180) gefüllt werden.
- Die gerollten Omeletts können auch in Häppchen geschnitten und mit Holzstäbchen serviert werden.

SALZIGE MUFFINS

Diese salzigen Muffins sind besonders reich an Kalzium und Magnesium, Eiweiß und guten Fetten. An Inhaltsstoffen ist alles dabei, was eine ausgewogene Mahlzeit ausmacht. Die antientzündlich wirkenden Gewürze geben dem Ganzen zudem nicht nur ein geniales Aroma, sondern verbessern gemeinsam mit den Pflanzenfasern aus Zucchini, Karotten, Hafer und Nüssen die Zusammensetzung der Darmflora. Außerdem pflegen die Schleimstoffe aus den Leinsamen die Darmschleimhaut, sodass diese kleinen Muffins eine Wohltat für den gesamten Verdauungsapparat sind. Am Wochenende oder Vorabend zubereitet, sind sie ein schnelles und nahrhaftes Frühstück zum Mitnehmen.

Für 12 Stück

200 g gemahlene Mandeln
150 g feine Haferflocken
2 EL Urdinkelmehl
3 EL Leinsamen
2 TL Kräutersalz
1 gestrichener TL Kurkumapulver
1 gestrichener TL Kreuzkümmel
1 gestrichener TL edelsüßes Paprikapulver
3 Prisen Pfeffer aus der Mühle
4 Eier
1 mittelgroße Karotte
1 mittelgroße Zucchini
3 EL Mandelsplitter
2 EL Sesam oder Kürbiskerne
Sesam, Leinsamen und/oder geriebener Parmesan zum Bestreuen, nach Wunsch

1 Den Backofen auf 180 Grad Ober- und Unterhitze vorheizen. Mandeln, Flocken, Mehl, Leinsamen und sämtliche Gewürze in einer großen Schüssel mischen. 200 ml Wasser und die Eier dazugeben, untermischen und alles quellen lassen.

2 Die Karotte und die Zucchini fein raspeln und ebenfalls unter die Masse mischen. Mandelsplitter und Sesam oder Kürbiskerne für ein intensiveres Aroma goldbraun rösten (wenn es schnell gehen muss, kann dieser Schritt auch übersprungen werden) und ebenfalls dazugeben. Alles gut miteinander vermischen.

3 Den Teig in Muffinförmchen füllen. Nach Wunsch mit Sesam, Leinsamen und/oder geriebenem Parmesan bestreuen.

4 Die Muffins etwa 40 Minuten in der Mitte des vorgeheizten Ofens goldbraun backen. Nach Ablauf der Backzeit mit einem Holzspieß in einen Muffin stechen; wenn keine Teigmasse mehr daran kleben bleibt, sind sie fertig gebacken. Noch warm aus den Formen nehmen und auskühlen lassen.

Tipp

Der Teig kann alternativ in etwas Ghee (geklärte Butter) in einer Pfanne zu Vegi-Plätzchen gebraten werden.

KRÄUTER MUFFINS

Dies ist die grüne Version der salzigen Muffins, mit dem Supergewürz Galgant, das besonders magenstärkend und entzündungshemmend wirkt. Die große Ladung Grün verstärkt die verdauungsfördernde und entgiftende Wirkung zusätzlich. Man könnte die Muffins auch »Detox-Muffins« nennen, da sie den Gallenfluss fördern, leicht harntreibend wirken und die enthaltenen Haferflocken mögliche Giftstoffe im Darm binden und ausscheiden. Die Teigmasse kann übrigens auch in der Bratpfanne zu Plätzchen gebraten und mit einem Aufstrich nach Wahl serviert werden.

Für 12 Stück

200 g gemahlene Mandeln
150 g feine Haferflocken
2 EL Urdinkelmehl
3 EL Leinsamen
2 TL Kräutersalz
1 gestrichener TL Galgantpulver
1 gestrichener TL Kreuzkümmel
3 Prisen Pfeffer aus der Mühle
4–5 Eier (je nach Größe)
2 Bund krause Petersilie
2 Bund Basilikum
2 Bund Schnittlauch
2–3 kleine Frühlingszwiebeln
2 EL Hanfsamen (Reformhaus) oder andere Samen, Kerne oder gehackte Nüsse
3 EL Sesam oder andere Kerne (z. B. Kürbiskerne)
Sesam, Leinsamen und/oder geriebener Parmesan zum Bestreuen, nach Wunsch

1. Den Backofen auf 180 Grad Ober- und Unterhitze vorheizen. Mandeln, Flocken, Mehl, Leinsamen und sämtliche Gewürze in einer großen Schüssel mischen. Die Eier dazugeben, untermischen und alles quellen lassen.
2. Die Kräuter und die Frühlingszwiebeln möglichst klein hacken und daruntermischen.
3. Die Samen beziehungsweise Kerne oder Nüsse für ein intensiveres Aroma goldbraun rösten (wenn es schnell gehen muss, kann dieser Schritt auch übersprungen werden) und ebenfalls dazugeben. Alles gut miteinander vermischen.
4. Den Teig in Muffinförmchen füllen. Nach Wunsch mit Sesam oder Leinsamen und/oder geriebenem Parmesan bestreuen.
5. Die Muffins etwa 40 Minuten in der Mitte des vorgeheizten Ofens goldbraun backen. Nach Ablauf der Backzeit mit einem Holzspieß in einen Muffin stechen; wenn keine Teigmasse mehr daran kleben bleibt, sind sie fertig gebacken. Noch warm aus den Formen nehmen und auskühlen lassen.

FRUCHTIGE PANCAKES

Diese Pancakes sind süßlich im Geschmack und liefern eine Menge Eiweiß und Pflanzenfasern aus Haferflocken und Früchten. In Verbindung mit Zimt lassen sich dadurch Blutzuckerspitzen vermeiden. Die Kombination mit probiotischem Naturjoghurt bremst die Zuckerkurve zusätzlich und unterstützt außerdem die positiven Darmbewohner. Etwas flüssiger Honig als Topping rundet das Ganze in Geschmack und Wirkung ab.

Für 2 große Pancakes

100 g Pflaumen oder Zwetschgen (oder Früchte der Saison)
100 g Urdinkelmehl
50 g Haferflocken
100 ml Nuss- oder Getreidemilch
2 große Eier
2 Prisen Salz
½ TL Zimtpulver
1 EL Birkenzucker
1 EL Ghee (geklärte Butter) oder Kokosöl zum Anbraten

Zum Garnieren

4 EL Naturjoghurt
1–2 EL flüssiger Honig

1 Die Pflaumen oder Zwetschgen entsteinen und in Spalten schneiden.
2 Die restlichen Zutaten bis auf das Ghee in einer Schüssel oder im Mixer zu einer teigartigen Masse mischen.
3 Ghee oder Kokosöl in einer Bratpfanne erhitzen und die Hälfte der Fruchtstücke darin leicht anbraten. Dann die Hälfte der Teigmasse darübergeben und bei mittlerer Hitze zu einem goldbraunen Pfannkuchen backen. Sobald sich die Teigränder von der Pfanne lösen, wenden und auf der zweiten Seite ebenfalls goldbraun backen.
4 Aus den restlichen Fruchtstücken und dem restlichen Teig einen zweiten Pancake backen. Mit je 2 Esslöffeln Naturjoghurt und etwas Honig garnieren.

INDISCHER MILCHREIS

Dieser kuhmilchfreie Milchreis ist eine leicht verdauliche und weniger schleimbildende Alternative zum herkömmlichen Milchreis. Gemeinsam mit den eiweißreichen Nüssen und den Gewürzen lässt dieses süße Frühstücksgericht den Blutzucker nicht ganz so stark ansteigen. Mit etwas Ingwer ergänzt, ist der würzig indische Milchreis besonders wärmend und stärkt außerdem den Magen und damit die Verdauungskraft.

Für den Milchreis

100 g Risottoreis
1 TL Ghee (geklärte Butter) oder Kokosöl zum Anbraten
½ TL Zimtpulver
¼ TL Vanillepulver oder Mark von ¼ Vanilleschote
¼ TL Kardamompulver oder Samen von 2 Kardamomkapseln
½ TL Ingwerpulver oder 3 Scheiben frischen Ingwer
1 Prise Salz
400 ml Mandel-, Reis- oder Hafermilch
½ EL Birkenzucker

Zum Garnieren

2–3 EL Mandelsplitter, Kürbiskerne oder Pinienkerne
2 Handvoll Beeren oder Obst nach Wahl

1 Den Reis in einem mittelgroßen Topf in Ghee oder Kokosöl anschwitzen. Alle Gewürze dazugeben und den Reis weiter andünsten, bis es zu duften beginnt. Mit der Pflanzenmilch ablöschen und etwa 15 Minuten weich kochen.
2 Die Mandelsplitter oder Kerne für ein intensiveres Aroma goldbraun anrösten (wenn es schnell gehen muss, kann dieser Schritt auch übersprungen werden).
3 Den Milchreis mit dem Birkenzucker abschmecken und mit Beeren oder Früchten nach Wahl und gerösteten Mandelsplittern oder Kernen garnieren.

Schnellere Version »to go«:

1 Gekochten Reis vom Vortag mit den Gewürzen in einem Topf erwärmen.
2 Einen Schuss Nuss- oder Getreidemilch sowie die Gewürze dazugeben.
3 In ein Einmachglas abfüllen und 1 Handvoll frische oder gefrorene Beeren darübergeben. Nüsse, Kerne oder Samen darüberstreuen.
4 Das Einmachglas verschließen und den Reis in der Morgenpause oder unterwegs genießen.

WÜRZIGER PORRIDGE

Der gute alte Porridge kann auf beliebige Art und Weise kreativ aufgepeppt und verfeinert werden. Dieses Basisrezept soll zeigen, wie antientzündliche Gewürze, die auch anregend auf die Hirnfunktion wirken, bereits beim Frühstück eingesetzt werden können. Ein wärmendes, mineralstoffreiches und besonders darmfreundliches Frühstück, das lange satt und glücklich macht.

Für den Porridge

2 Handvoll Beeren oder 1 Apfel oder 1 Birne (200 g)
4 EL feine Haferflocken (60 g)
1 EL Leinsamen
2 EL Kürbiskerne oder Sonnenblumenkerne
2 gestrichene TL Zimtpulver
½ TL Kardamompulver
½ TL Ingwerpulver
2 Prisen Salz
300 ml Mandel-, Reis- oder Hafermilch, ersatzweise Wasser
2 TL Hanf-, Lein- oder Rapsöl

Zum Garnieren

2 EL Naturjoghurt
1 frische Feige oder einige Beeren
2 TL flüssiger Honig, nach Wunsch

1. Die Früchte klein schneiden und beiseitestellen.
2. Die Haferflocken zusammen mit Samen, Kernen und Gewürzen in einem kleinen Topf leicht anrösten, bis es zu knistern und zu duften beginnt. Mit der Pflanzenmilch oder dem Wasser ablöschen. Die Flocken 5–10 Minuten unter ständigem Rühren köcheln lassen.
3. Die Früchte dazugeben und kurz mitkochen (falls Beeren verwendet werden, können diese auch erst am Schluss dazugegeben werden). Den Topf vom Herd nehmen und das Öl darunterrühren.
4. Den Porridge in eine Schüssel oder ein Einmachglas geben und mit dem Naturjoghurt, dem Obst und nach Wunsch etwas flüssigem Honig garnieren.

Schnellere Version »to go« (pro Person):

1. 2 EL Flocken mit Zimt und Nüssen in ein Schraubglas geben.
2. Mit heißem Wasser übergießen und quellen lassen.
3. Naturjoghurt und Früchte daraufgeben, mit dem Deckel verschließen und unterwegs genießen.

AMARANT PORRIDGE

Das Pseudogetreide Amarant (ein Fuchsschwanzgewächs) gehört zu den eiweißreichsten getreideartigen Produkten überhaupt. Unter den Nüssen und Kernen sind Kürbiskerne die besten Eiweißlieferanten. Die Kombination von tierischem Eiweiß (Quark) und pflanzlichem Eiweiß maximiert die Verwertbarkeit zusätzlich. Mithilfe der Gewürze wird der Porridge gut verdaulich, sodass dem Körper ganze 13 Gramm Eiweiß pro Person (ganzes Rezept 25 Gramm) zur Verfügung stehen. Zum Garnieren können schwarze Trauben verwendet werden, sie enthalten eine besonders große Menge des zellschützenden Stoffs Resveratrol und geben extra Süße. Aber aufgepasst: Trauben gehören zu den Früchten mit dem höchsten Fruchtzuckergehalt. Zu große Mengen (mehr als eine Handvoll) können sich durch Blähungen bemerkbar machen und belasten dann den Darm und die Leber.

Für den Porridge
4 EL Amarant (50 g)
¼ TL Vanillepulver oder Mark von ½ Vanilleschote
½ TL Zimtpulver
2 Prisen Kardamom- oder Ingwerpulver
200 g Äpfel, Birnen oder Beeren
3 EL Pinienkerne

Zum Garnieren
2 EL Quark
1–2 Handvoll Trauben

1. Den Amarant mit Wasser bedeckt über Nacht (8–10 Stunden) einweichen.
2. Am nächsten Morgen mit der verbliebenen Flüssigkeit etwa 10 Minuten weich kochen. Die Gewürze dazugeben.
3. Die Äpfel oder Birnen entkernen, mit der Schale raspeln und unterrühren. Falls Beeren verwendet werden, diese einfach unterrühren. Die Pinienkerne in einer kleinen Bratpfanne leicht anrösten und ebenfalls dazugeben.
4. Den Porridge in eine Schüssel oder ein Einmachglas geben und mit dem Quark und den Trauben garnieren.

Tipp
Wer's noch nie probiert hat, sollte es tun: Eine Rispe Trauben (inklusive Stiel) bei 180 Grad in den Backofen geben und warten, bis die Trauben leicht aufplatzen. Diese fruchtige Überraschung aus dem Ofen ist an Süße und Aroma kaum zu übertreffen und ergänzt den Porridge nicht nur farblich perfekt.

HIRSE KAKAO PORRIDGE

Hirse gehört wohl zu den am meisten unterschätzten Getreidearten. Zu Unrecht, sie liefert nämlich reichlich Magnesium, Kalzium und Kieselsäure, die das Körpergewebe stärken. Kombiniert wird die goldene Basis mit den besten Tryptophanquellen überhaupt: Kakao und Walnüsse. Aus Tryptophan kann der Körper mithilfe von B-Vitaminen das Glückshormon Serotonin bilden. Abgerundet wird dieser Glücklichmacher mit Zimt, einer süßlichen Birne und etwas Honig.

Für den Porridge

50 g Goldhirse
2 EL gemahlene Mandeln
1 TL Zimtpulver
30 g Walnüsse, zerkleinert
300 ml Nuss- oder Getreidemilch, ersatzweise Wasser
1 EL Leinsamen
2 EL ungesüßtes Kakaopulver
1 Prise Salz

Zum Garnieren

200 g süße Birne
ca. 10 Walnusshälften
etwas Honig

1. Die Hirse mit den gemahlenen Mandeln, dem Zimt und den zerkleinerten Walnüssen in einem Topf leicht anrösten, bis es zu duften beginnt. Die Temperatur zurückschalten und die Hirse mit der Pflanzenmilch oder dem Wasser ablöschen. Leinsamen, Kakaopulver und Salz unterrühren und das Ganze etwa 10 Minuten auf mittlerer Stufe köcheln lassen, bis die Hirse weich ist.
2. In der Zwischenzeit die Birne entkernen und ungeschält in dünne Scheiben schneiden. Den Porridge abschmecken und eventuell mit etwas Honig oder Birnendicksaft nachsüßen.
3. Den Topf vom Herd nehmen, den Porridge in eine Schüssel oder ein Einmachglas füllen und mit den Birnenscheiben, den Walnüsshälften und eventuell etwas Honig garnieren.

AMARANT MÜSLIRIEGEL

Amarant wird mittlerweile auch hierzulande kultiviert und kann im Supermarkt in gepuffter Form gekauft werden. Diesem Riegel gibt er eine besondere geschmackliche Note und Konsistenz. Außerdem trägt er mit der großen Nussmenge dazu bei, dass der süßliche Powerriegel die Blutzuckerkurve nicht entgleisen lässt. Auch die Gewürze – insbesondere Zimt – gleichen den Zuckerspiegel aus. Den Fruchtanteil machen getrocknete Pflaumen aus, diese wirken weniger stark auf den Blutzucker als etwa Datteln und liefern gleichzeitig eine Menge Fasern als Futter für die guten Darmbakterien.

Für 30 Stück

150 g gemahlene Haselnüsse oder Mandeln
120 g feine Haferflocken
100 g gepuffter Amarant
100 g Leinsamen
60 g Sesam
2 TL Zimtpulver
1 TL Kardamompulver
1 TL Salz
140 g getrocknete Pflaumen (ca. 11 Stück)
4 EL Birkenzucker (80 g)
2 EL gepuffter Amarant oder Leinsamen zum Bestreuen

1. Den Backofen auf 100 Grad Umluft vorheizen. Gemahlene Nüsse oder Mandeln, Haferflocken, gepufften Amarant, Leinsamen, Sesam und die Gewürze in einer großen Schüssel vermischen.
2. Die Pflaumen mit 400 ml warmem Wasser und dem Birkenzucker im Mixer pürieren und zu der Nussmischung geben. Alles zu einer gleichmäßigen Masse verrühren und auf einem mit Backpapier ausgekleideten Backblech 1–1½ cm dick ausstreichen. Mit gepufftem Amarant oder Leinsamen bestreuen. Die Masse mit einem Schneidbrett leicht andrücken und in Riegel schneiden. Im vorgeheizten Ofen etwa 1 Stunde trocknen lassen.
3. Das Backblech herausnehmen, ein mit Backpapier belegtes Blech kopfüber darauflegen und alles wenden. Die gewendeten Riegel weitere 30 Minuten im Ofen trocknen lassen.
4. Aus dem Ofen nehmen, auf dem Backblech erkalten lassen und in einer Keksdose aufbewahren.

MITTAGESSEN

MITTAGESSEN!

Ich bin zu Hause

Wie viel Zeit kannst du dir nehmen?

Wenig

- Buntes Hirsotto (S. 70)
- Nudelsalat (S. 74)
- Randen-Apfel-Salat (S. 82)
- Hafer-Burger (S. 84)
- Sommersalat (S. 92)
- Ofengemüse aller Art (siehe Abendessen) (S. 114)

Ich nehme mir Zeit

Erst mal ein Glas Zitronenwasser mit Ingwer, ca. 30 Minuten vor dem Essen

- Nussbraten mit Salat (S. 68)
- Gefüllter Kürbis (S. 72)
- Grüne Schnitte (S. 78)
- Reis-Bowl (S. 80)
- Ofengeflügel mit Reis (S. 76)
- Melonensalat mit Hirseschnitte (S. 86)
- Gemüsequiche (S. 90)
- Quinoa-Salat (S. 96)
- Gefüllte Trute mit Quinoa (S. 94)

Ich bin unterwegs

Vorkochen

Kannst du dir am Vortag etwas vorkochen oder vorbereiten?

Vorbereiten: warm oder kalt?

Warm

- Reisnudelsuppe »to go« (S. 88)
- Würziger Porridge im Glas (siehe Frühstück, S. 56)

Beides kann vor Ort mit heißem Wasser aufgegossen werden.

Kalt

- Smoothies (S. 148)
- Salzige Muffins mit einem Salat (siehe Frühstück, S. 48)
- Randen-Apfel-Salat (S. 82)
- Sommersalat (S. 92)

Das Mittagessen als Hauptmahlzeit.
Die Sonne und die Verdauungskraft stehen im Zenit.
Diese Mahlzeit auszulassen, ist keine gute Idee. Auch beim intermittierenden Fasten (16 Stunden pro Tag ohne Essen) sollte die Mittagsmahlzeit beibehalten werden, um wieder Energie zu tanken! Überlege dir bereits am Vorabend, was dein Mittagessen sein könnte. Unterwegs lässt sich leider meist nichts Schlaues finden …

Warm oder kalt?
Je gestresster dein Tag und je kälter die Jahreszeit, desto wichtiger ist eine warme Mittagsmahlzeit. Bist du entspannt und deine Verdauung einwandfrei, so können auch rohe Komponenten wie Salate das Menü ergänzen.

Die Kombination ist entscheidend.
Wer Energie-Tiefs und Heißhungerattacken am Nachmittag vermeiden will, sollte darauf achten, dass alle Komponenten und Geschmacksrichtungen vertreten sind. Die ideale Telleraufteilung:
½ Gemüse
¼–⅓ Eiweißquellen
¼–⅕ Kohlenhydratquellen

NUSSBRATEN MIT SALAT

Dieser vegetarische Braten ist nicht nur ein wahrer Gaumenschmaus, sondern auch eine richtige Mineralstoffbombe, insbesondere dank der basischen Mineralien Kalium und Kalzium. Mandeln liefern im Vergleich zu Haselnüssen noch mehr Eiweiß und Eisen, sodass die Kombination mit Ei den Braten zu einer hervorragenden Eiweißbeilage zu diversen Gemüsegerichten von Salat bis Ofengemüse oder gedünstetem Gemüse macht. Durch die Vielfalt an Kräutern und anregenden Gewürzen wirkt er zudem besonders darmfreundlich und entzündungshemmend. Zur Geschmacksabrundung eignet sich saurer Halbrahm perfekt.

Für eine Cakeform von 25 cm Länge
1 kleine Zwiebel
100 g Karotte
1 EL Olivenöl
5 EL Sojasauce
50 g Haferflocken
200 g gemahlene Mandeln oder Haselnüsse
½ Bund Petersilie, fein gehackt
2 Zweige Rosmarin, fein gehackt
4 Zweige Thymian, fein gehackt
2 TL Kräutersalz
2 TL edelsüßes Paprikapulver
½ TL Chilipulver
1 TL Kreuzkümmel
2–3 Eier (je nach Größe)

1. Den Backofen auf 180 Grad Umluft vorheizen. Die Cakeform mit Backpapier auskleiden.
2. Die Zwiebel klein schneiden, die Karotte auf der Gemüsereibe raspeln und beides zusammen im Olivenöl andünsten. Mit 150 ml Wasser und der Sojasauce ablöschen und 10 Minuten köcheln lassen.
3. Flocken, Mandeln oder Nüsse sowie sämtliche Kräuter und Gewürze in einer Schüssel vermischen. Das gedünstete Gemüse und die Eier zu den trockenen Zutaten geben und alles zu einem gleichmäßigen Teig verrühren.
4. Den Teig in die Form füllen und im vorgeheizten Ofen etwa 20 Minuten backen. Dann aus der Form nehmen und weitere 20 Minuten bei 180 Grad goldbraun backen.

BUNTES HIRSOTTO

Eine super Alternative zum herkömmlichen Risotto. Hirse trumpft im Vergleich zu Risottoreis mit besonders viel Mineralstoffen und Eiweiß auf: siebenmal mehr Kalium, fünfmal mehr Magnesium, fünfmal mehr Eisen, dreimal mehr Phosphat, 1½-mal mehr Kalzium und 1½-mal mehr Eiweiß. Gemeinsam mit dem magnesiumreichen Krautstiel (Mangold) und dem Fenchel mit seinem großen Anteil an Kalzium und Kalium ist dieser Eintopf eine wahre Basenbombe. Basische Mineralien sind nicht nur wichtig für den gesamten Stoffwechsel (Magnesium aktiviert zum Beispiel Vitamin D), sondern gleichen auch übersäuertes Gewebe aus, sodass längerfristig die Gelenk- und Knochengesundheit gewährleistet ist.

2 Zwiebeln
1–2 Knoblauchzehen
80 g Fenchel
100 g Krautstiel (Mangold)
100 g Kürbis oder Karotte
2 EL Ghee (geklärte Butter)
1 TL Kurkumapulver
2 TL Salz
100 g Goldhirse
50–100 ml Weißwein
2–3 Lorbeerblätter
1 TL Pfeffer aus der Mühle
2 TL edelsüßes Paprikapulver
80 g Feta
½ Bund Schnittlauch

1. Die Zwiebeln und den Knoblauch fein schneiden. Fenchel, Krautstiel und Kürbis oder Karotte in kleine Stücke schneiden.
2. Die Zwiebeln und den Knoblauch in einem Topf in Ghee sanft andünsten. Das Kurkumapulver, etwas Salz und die Hirse dazugeben und alles leicht andünsten.
3. Mit dem Weißwein ablöschen. Das Gemüse, 300 ml Wasser und die Lorbeerblätter dazugeben. Alles 20–30 Minuten auf mittlerer Stufe zugedeckt kochen lassen.
4. Mit Pfeffer, eventuell Salz und Paprikapulver nachwürzen. Den Feta in Stücke schneiden und darunterrühren. Den Schnittlauch fein schneiden und darüberstreuen.

GEFÜLLTER KÜRBIS

Kürbis, der von August bis März Saison hat, ist mit seiner orangenen Farbe eine wahre Betacarotin-Bombe. Betacarotin wirkt zellschützend und ist die Vorstufe von Vitamin A, das besonders wichtig ist für die Gesunderhaltung der Schleimhäute im gesamten Magen-Darm-Trakt, für das Sehvermögen, das Immunsystem und den Eisenstoffwechsel. Zusammen mit Vollkornreis, der viermal mehr Magnesium und Eisen enthält als weißer Reis, ist dieses Gericht in Kombination mit den Kürbiskernen und Mandeln eine ausgezeichnete Vitalstoffquelle. Das Geniale an diesem Rezept ist, dass es alle drei Komponenten einer vollständigen Mahlzeit enthält: Gemüse (Kürbis und Zwiebeln), Eiweiß (Eier und Nüsse), Kohlenhydrate (Vollkornreis und Rosinen). Außerdem vereint es – nicht zuletzt dank der Vielfalt an Gewürzen – alle Geschmacksrichtungen von salzig bis süßlich. Nehmen Sie sich Zeit für dieses Rezept, es lohnt sich!

1 Hokkaido- oder 1 kleiner Butternusskürbis

Für die Füllung
2 EL Olivenöl
Salz
60 g Vollkornreis
1½ EL Mandelsplitter
1½ EL Kürbiskerne
80 g Feta
80 g rohe Randen (Rote Bete)
1 kleine Zwiebel
2 EL frischer Koriander
½ Becher Naturjoghurt (90 g)
1 EL Rosinen
½ TL Nelkenpulver
2 TL Zimtpulver
2 TL Kreuzkümmel
2 TL Paprikapulver

Zum Garnieren
2 Eier

1. Den Backofen auf 180 Grad Umluft vorheizen. Den Kürbis längs halbieren und aushöhlen. Die ausgehöhlten Kürbishälften mit dem Olivenöl bepinseln, mit je ½ Teelöffel Salz würzen, auf ein Backblech legen und im vorgeheizten Ofen ungefähr 30 Minuten backen.
2. In der Zwischenzeit den Reis in kochendem Salzwasser garen, dann abgießen und abtropfen lassen. Die Mandelsplitter und die Kürbiskerne zusammen in einer Bratpfanne anrösten.
3. Den Feta in kleine Würfel schneiden, die Randen raspeln, Zwiebel und Koriander klein schneiden. Alles mit dem gegarten Reis, den Mandelsplittern und Kürbiskernen, dem Joghurt und den Rosinen in eine Schüssel geben. Mit 1–2 Teelöffeln Salz, Nelkenpulver, Zimt, Kreuzkümmel und Paprikapulver würzen und alles gut vermischen.
4. Die Masse in die vorgebackenen Kürbisse füllen (jeweils eine kleine Mulde für das Ei hineindrücken). Je 1 Ei aufschlagen, in die Mulde geben und die Kürbisse im vorgeheizten Ofen etwa 15 Minuten backen.

NUDEL SALAT

Das perfekte Gericht, um Reste zu verwerten und damit auch Food Waste zu vermeiden und gleichzeitig Geld zu sparen. Ofengemüse geht immer, und wenn Reste davon übrigbleiben, können sie mit Dinkel- oder noch schneller mit Reisnudeln in ein prima Mittagessen verwandelt werden. Alles was dann noch fehlt, ist etwas Eiweiß, zum Beispiel in Form von Nüssen, Parmesan oder Mozzarella und/oder gekochten Eiern. Auch diese Komponenten sind schnell griffbereit, und die Salatsauce kann schon am Vorabend gemixt werden. Für etwas Frische sorgt junger Spinat oder Rucola – fertig ist das Vegi-Gericht für zu Hause oder die Lunchbox.

200 g Ofengemüse (eventuell Reste vom Vortag wie Karotten, Brokkoli, Zucchini, Federkohl, Kürbis; **Achtung:** beim Einkaufen mehr Gewicht berechnen wegen der Schale)
2 EL Olivenöl
2 gestrichene TL Kräutersalz
2 Zweige Rosmarin, gehackt
2 Scheiben Ingwer, gehackt
1 TL edelsüßes Paprikapulver
100 g Dinkelnudeln oder breite Reisnudeln
2–4 EL Mandelsplitter
60 g junger Blattspinat oder frischer Rucola
2–3 EL geriebener Parmesan oder hart gekochte Eier, klein gehackt

Eventuell am Vorabend

1 Den Backofen auf 180 Grad Umluft vorheizen. Das Gemüse in mundgerechte Stücke schneiden, in eine Schüssel geben, mit Olivenöl, Salz, Rosmarin, Ingwer und Paprikapulver würzen und gut vermischen. Auf ein Backblech geben und im vorgeheizten Ofen etwa 30 Minuten backen.
2 Eine Salatsauce nach Wahl mixen (siehe Seite 188).

Am nächsten Tag/Morgen, falls es ein Mittagessen zum Mitnehmen ist

3 Für die Nudeln Wasser aufsetzen oder als schnelle Version im Wasserkocher aufkochen. Die Nudeln 5–10 Minuten al dente kochen (Reisnudeln sind schneller gar als Dinkelnudeln!), dann abgießen und abtropfen lassen.
4 Die Mandelsplitter kurz in einer Bratpfanne anrösten (wenn die Zeit drängt, kann dieser Schritt auch übersprungen werden).
5 Den Blattspinat oder Rucola in eine Salatschüssel oder einen Behälter zum Mitnehmen geben. Gegarte Nudeln, Ofengemüse, Mandelsplitter, Parmesan oder gehacktes Ei sowie die Salat sauce dazugeben und vor dem Essen alles mischen.

OFENGEFLÜGEL MIT REIS

Wir leben im Aluminiumzeitalter (Kaffeekapseln, Folien, Beschichtungen) und sind durch Umwelteinflüsse (Abgase, Pestizide, Medikamente) mit giftigen Metallen konfrontiert. Diese belasten nicht nur den Darm erheblich, sondern stören den gesamten Stoffwechsel und können sogar Zellen angreifen. Durch die Zufuhr von Schwefelverbindungen, wie sie in Lauchgewächsen und Senf vorkommen, können wir mit der Ernährung einen wichtigen Beitrag zur Ausleitung von Metallen leisten. Auch Koriander dient nicht nur dem Aroma, sondern gilt als entgiftendes Kraut. Wer Koriander nicht mag, kann auf Rosmarin oder Thymian zurückgreifen, um dem Darm und dem Stoffwechsel etwas Gutes zu tun.

80 g Vollkornreis
Salz
200 g Trutenfilet (Pute) oder Poulet (Huhn)
100 g Lauch
100 g Fenchel
1 Handvoll frischer Koriander, Rosmarin oder Thymian
1 EL Olivenöl
1 TL Kräutersalz
1 Knoblauchzehe und 1 TL Ghee (geklärte Butter) für die Form
frischer Koriander oder Rosmarin zum Garnieren

Für die Marinade
½ Zitrone, Saft
2 EL Senf
1 TL Ghee (geklärte Butter)
1 TL Kräutersalz
1 TL Galgantpulver
ca. 1 TL edelsüßes Paprikapulver
3 Prisen Pfeffer aus der Mühle

1 Den Backofen auf 180 Grad Ober- und Unterhitze vorheizen. Den Reis mit der dreifachen Menge Wasser in einem Topf aufsetzen und mit etwas Salz etwa 40 Minuten (ohne Umrühren) weich kochen lassen. Danach abgießen und abtropfen lassen.

2 Alle Zutaten für die Marinade gut vermischen und das Fleisch darin einlegen. Die Gratinform mit der durchgepressten Knoblauchzehe und dem Ghee ausstreichen.

3 Lauch und Fenchel klein schneiden, die Kräuter hacken. Den abgetropften Reis mit dem Gemüse, den Kräutern, Olivenöl und Salz mischen und in die Gratinform geben. Das Fleisch auf das Reis-Gemüse-Bett legen und den Rest der Marinade darübergeben. Alles im vorgeheizten Ofen ungefähr 30 Minuten backen und mit frischem Rosmarin oder Koriander garnieren.

GRÜNE SCHNITTE

Pizza war gestern, hier kommt die nahrhafteste Schnitte aller Zeiten! Als Boden dienen weiße Bohnen, die besonders verträglich sind und fünfmal mehr Folsäure enthalten als Sojabohnen. Die Folsäure (Vitamin B9) hat ihren Namen vom lateinischen Wort *folium*, was »Blatt« bedeutet – ein Hinweis auf die Hauptquelle, nämlich Blattgemüse (z. B. Rucola). Viele Medikamente (inkl. Antibabypille) beeinträchtigen den Folsäure-Stoffwechsel stark, sodass Folsäuremangel nicht nur aufgrund von Fehlernährung weit verbreitet ist. Dieses B-Vitamin ist jedoch enorm wichtig (z. B. für Fruchtbarkeit, Gen-Schutz- und -Regulation, B12-Aktivierung) und verhindert die Entstehung des sogenannten offenen Rückens bei Babys. Diese Schnitte leistet definitiv einen Beitrag zur besseren Folsäureabdeckung insbesondere in Kombination mit einem leckeren Salat.

Für den Boden

400 g weiße Bohnen (wenn es schnell gehen muss, aus der Dose; sonst am Vorabend eingeweicht und vorgekocht)
3 Eier
6 EL Haferflocken
2 EL Olivenöl
100 ml Wasser
3 TL Salz
1 TL Paprikapulver
1 TL Kreuzkümmel
2 EL Leinsamen

Für die Marinade

100 g Sauerrahm (saure Sahne)
2 Zweige Oregano
2 Zweige Rosmarin
1 Handvoll Petersilie
150 g Feta
2 kleine Frühlingszwiebeln
2 EL Pinienkerne
2–3 Handvoll Rucola

1 Den Backofen auf 180 Grad Ober- und Unterhitze vorheizen. Alle Zutaten für den Boden außer den Leinsamen in den Mixer geben und zu einer gleichmäßigen Masse mixen. Die Leinsamen dazugeben und unterrühren (ungeschrotet sind sie besser vor Oxidation geschützt).

2 Den Teig etwa ½ cm dick auf einem mit Backpapier belegten Blech ausstreichen und im vorgeheizten Ofen ungefähr 20 Minuten backen. Den vorgebackenen Teigboden aus dem Ofen nehmen (den Ofen nicht ausschalten) und dünn mit dem Sauerrahm bestreichen.

3 Die frischen Kräuter, den Feta und die Frühlingszwiebeln klein schneiden und mit den Pinienkernen auf dem Sauerrahm verteilen. Alles noch einmal 5–10 Minuten bei 180 Grad backen.

4 Aus dem Ofen nehmen, abkühlen lassen und in Stücke schneiden. Vor dem Servieren mit reichlich Rucola garnieren.

REIS BOWL

Dies ist ein Basisrezept und kann mit einem saisonalen Gemüse und einer Eiweißkomponente nach Wahl zubereitet werden. Der Gemüseanteil ist so gewählt, dass alle Pflanzenteile von der Wurzel bis zur Blüte beziehungsweise Frucht vertreten sind. Das macht die Mischung in den Farben und in den verschiedenen Konsistenzen spannender und vielseitiger. Außerdem sind in den verschiedenen Teilen der Pflanze unterschiedliche Nährstoffe enthalten, sodass eine ausgeglichene Mischung an Vitaminen und Mineralstoffen entsteht. Vollkornreis braucht zwar seine Zeit, bis er gar ist, die Wartezeit zahlt sich aber aus, denn er ist gemeinsam mit den Nüssen eine ausgezeichnete Quelle für B-Vitamine, die unter anderem für starke Nerven gebraucht werden. Alles in allem eine runde Sache, diese Bowl.

70 g Vollkornreis
Salz
140 g orangefarbenes Gemüse nach Saison (Kürbis, Karotten oder Süßkartoffeln)
80 g grünes Gemüse nach Saison (Zucchini oder Brokkoli)
80 g rohe Randen (Rote Bete)
1 Frühlingszwiebel mit Grün
50 g Champignons
200 g Trutenbrust (Pute), Poulet (Huhn) oder Tofu
2 EL Olivenöl
1 TL Kräutersalz
2 Prisen Pfeffer aus der Mühle
1 TL Paprikapulver
1 TL Kreuzkümmel und/oder Kurkumapulver

Zum Garnieren
Basilikum oder Pfefferminze, gehackt
2 EL Walnüsse, klein gehackt
2 TL Sesam, nach Wunsch geröstet
Hanf-/Leinöl und Zitronensaft

1. Den Backofen auf 180 Grad Ober- und Unterhitze vorheizen. Den Reis mit der dreifachen Menge Wasser in einem Topf aufsetzen und mit etwas Salz etwa 40 Minuten ohne Umrühren weich kochen. Dann abgießen und abtropfen lassen.
2. In der Zwischenzeit das Gemüse und die Champignons in mundgerechte Stücke schneiden. Die Trute oder Eiweißbeilage nach Wahl ebenfalls in mundgerechte Stücke schneiden. Alles in einer Schüssel mit dem Olivenöl und den Gewürzen mischen, auf einem mit Backpapier ausgelegten Backblech verteilen und im vorgeheizten Ofen ungefähr 30 Minuten weich backen.
3. Dann alle Zutaten in einer Bowl mischen. Mit Kräutern, Nüssen und Sesam garnieren. Eventuell noch etwas Hanf- oder Leinöl und Zitronensaft darüberträufeln.

Tipp
Alternativ zum Geflügel oder Tofu kann die Bowl mit Feta oder Spiegeleiern oder hart gekochten Eiern serviert werden.

RANDEN APFEL SALAT MIT NÜSSEN

Dieser Salat ist eine spannende Mischung aus süßen (Randen), säuerlichen (Apfel), scharfen (Meerrettich) und herben (Nüsse) Komponenten. Was den Salat geschmacklich so besonders macht, ist sicherlich der Meerrettich. Die Schärfe dieser Wurzel stammt von den enthaltenen Senfölglykosiden, die schlechte Bakterien in Zaum halten, entgiftend und krebshemmend wirken und Entzündungen beispielsweise der Blase bekämpfen können.

300 g Randen (Rote Bete), gekocht
200 g Apfel
50 g Walnüsse oder Pekannüsse
1 daumengroßes Stück frischer Meerrettich
1 Handvoll Korianderblätter oder Basilikum, klein gehackt

1 Eine Salatsauce nach Wahl aus den Basisrezepten (Seite 188) mixen. Die gekochte Rande schälen und zusammen mit dem ungeschälten, entkernten Apfel in eine Schüssel raspeln, am besten mit der Röstiraffel.
2 Die Nüsse nach Wunsch in einer Bratpfanne ohne Öl leicht anrösten, um das Aroma zu intensivieren, und ebenfalls in die Schüssel geben. Den Meerrettich schälen, fein raspeln und mit der Salatsauce dazugeben. Alles gut mischen und mit den gehackten Kräutern garnieren.

HAFER BURGER

Hafer gehört neben Hirse wohl zu den gesündesten Getreidesorten überhaupt. Er wächst in Rispen und nicht in Ähren wie etwa Weizen oder Roggen. Dadurch ist er weniger ertragsreich, sodass er für den landwirtschaftlichen Anbau (zum Glück) lange Zeit uninteressant war. In der menschlichen Ernährung hat er aber schon immer seinen festen Platz gehabt und wird heute außerdem als glutenfreie Alternative geschätzt. Ihn zeichnet der hohe Anteil an Nervenvitaminen B1 und B6 sowie Eisen, Magnesium und Silizium aus. In letzter Zeit wurde eine andere Getreideart, die Gerste, wegen ihres Gehalts an sogenanntem »Beta-Glucan« hochgepriesen. Auch Hafer verfügt über diese lösliche Pflanzenfaser, die nicht nur darmreinigend wirkt, sondern durch das Binden von Gallensäure sich indirekt positiv auf den Cholesterinspiegel auswirkt.

Für 6 Burger

100 g Haferflocken
2 EL Leinsamen
3 Eier
¼ Stange Lauch oder 1 Frühlingzwiebel
1 Handvoll Federkohl (Grünkohl)
½ Bund Basilikum
½ Zucchini
ca. 2 TL Kräutersalz
½ TL scharfes Paprikapulver (oder edelsüß mit etwas Chilipulver gemischt)
2 EL Olivenöl oder Ghee (geklärte Butter)
1 Rande (Rote Bete), gekocht
1 EL Ghee (geklärte Butter) zum Anbraten
etwas Kräutersalz
1 Handvoll Rucolablätter

1. Den Ofen auf 180 Grad Umluft vorheizen. Die Haferflocken und die Leinsamen mit den Eiern in einer großen Schüssel mischen und etwas quellen lassen.
2. Lauch oder Frühlingszwiebel, Federkohl und Basilikum fein hacken, die Zucchini fein raspeln. Die Gewürze dazugeben und alles gründlich zu einer Masse verkneten.
3. Aus der Masse Pattys formen und auf ein mit Backpapier ausgelegtes und mit etwas Olivenöl bestrichenes Blech legen. Mit etwas Olivenöl beträufeln. Die Pattys in der Mitte des vorgeheizten Ofens etwa 25 Minuten goldbraun braten. Alternativ können sie auch in der Bratpfanne mit etwas Ghee gebraten werden.
4. Für die Füllung die Rande in große Scheiben schneiden und mit etwas Ghee und wenig Kräutersalz in einer Bratpfanne anbraten. Mit den Pattys, einem Joghurtdip (siehe Seite 180) und dem Rucola als Burger servieren.

MELONENSALAT MIT HIRSESCHNITTE

In heißen Sommermonaten oder nach dem Sport ist dieser Salat genau das Richtige. Melonen und Gurken sind nämlich unter den Gemüsen die besten Wasserspeicher. Mit einem Wasseranteil von über 95 Prozent könnte man also durchaus behaupten, dass man diesen Salat trinkt. Die Wichtigkeit von Wasser für den Organismus wird von vielen immer noch unterschätzt. Bereits eine leichte Unterversorgung beeinträchtigt die gesamte Stoffwechselaktivität entscheidend. Nicht ohne Grund gilt Wasser als wichtigste leistungsverbessernde Komponente in der Sporternährung. Wassermelone enthält außerdem den Stoff Citrulin, der zu einer besseren Regeneration nach dem Sport sowie zur Vorbeugung von Arteriosklerose verhilft. Sie rundet die Hirseschnitte mit dem enthaltenen Magnesium nicht nur farblich und geschmacklich, sondern auch durch ihre Inhaltsstoffe ab.

Für den Melonensalat
1 kg kleine Wassermelone
200 g Salatgurke
2 Limetten, Saft
2 EL Olivenöl
1 Handvoll frische Minze
1 Handvoll frisches Basilikum
120 g Feta
1 TL Kräutersalz
1 TL Pfeffer aus der Mühle

Für die Hirseschnitte
130 g Hirse
400 ml Gemüsebrühe
50 g Mozzarella, gerieben
1 Handvoll frischer Oregano oder Rosmarin, fein gehackt (ersatzweise getrocknet)
1 TL Kräutersalz

1. Für den Salat die Wassermelone halbieren, mit einem Eisportionierlöffel Kugeln ausstechen und diese in eine Schüssel geben. Die Gurke in Streifen schälen, in Stücke schneiden und zu den Melonenkugeln geben. Die Limetten auspressen und zusammen mit dem Öl darübergeben.
2. Die Minze und das Basilikum klein schneiden, den Feta in Stücke schneiden und beides unterrühren. Mit Kräutersalz und Pfeffer abschmecken.
3. Für die Hirseschnitten den Backofen auf 180 Grad Umluft vorheizen. Die Hirse in der Gemüsebrühe aufkochen und 15 Minuten kochen lassen. Dann auf kleiner Stufe köcheln lassen, bis die Flüssigkeit aufgesogen ist.
4. Den Topf vom Herd nehmen, den geriebenen Mozzarella, die Kräuter und das Salz dazugeben und unterrühren. Die Masse auf einem mit Backpapier ausgelegten Blech etwa 1½ cm dick ausstreichen. Im vorgeheizten Ofen ungefähr 20 Minuten backen.
5. Aus dem Ofen nehmen und die Hirseplatte in Schnitten schneiden. Mit dem Melonensalat servieren.

REISNUDELSUPPE »TO GO«

Diese Suppe zeichnet sich dank Ingwer und Cayennepfeffer durch ihre leichte asiatische Schärfe aus. Am scharfen Geschmack lässt sich das Polaritätsprinzip der Naturheilkunde gut erkennen: Die Schärfe wird als Hitze wahrgenommen, sodass der Körper als Gegenreaktion die Gefäße erweitert und Säfte fließen lässt. Eine laufende Nase und Schweißperlen auf der Stirn zeigen also nur, dass die körpereigene »Klimaanlage« aktiviert wurde, was besonders in heißen Ländern von Vorteil ist. Der Scharfstoff Capsaicin kurbelt so nicht nur den Stoffwechsel an, sondern reizt auch Schmerzrezeptoren, sodass der Körper Endorphine freisetzt. Als Gegenpol wird also ein Glücksgefühl wahrgenommen.
Für diese anregende Suppe zum Mitnehmen können alle Zutaten am Vorabend roh in ein Einmachglas gegeben werden und, heiß aufgegossen, am nächsten Mittag aus dem Glas gelöffelt werden. Wer mehr Zeit hat, kann das Ganze natürlich auch kurz in einem Topf aufkochen und aus dem Suppenteller genießen.

Für ein Einmachglas von 500 ml
1–2 Scheiben frischer Ingwer
50 g Karotte
50 g Tofu
1 Frühlingszwiebel
2–3 EL tiefgekühlte Erbsen
1 Handvoll Sojasprossen
40–50 g feine Glasnudeln
¼ TL Currypulver
1 TL Kräutersalz
1 EL Sesam
2–3 Prisen Cayennepfeffer oder etwas Chilipulver
5–10 Koriander- oder Basilikumblätter, klein geschnitten
1 EL Olivenöl
Salz, Pfeffer aus der Mühle

Zum Garnieren
Sesam und frische Korianderblätter

1 Den Ingwer schälen und in kleine Stücke schneiden. Die Karotte in kleine Stäbchen oder Würfel schneiden oder klein raspeln. Den Tofu in kleine Würfel, die Frühlingszwiebel inklusive des grünen Teils in feine Ringe schneiden. Alles mit den restlichen Zutaten inklusive der Gewürze und Kräuter (ohne das Olivenöl!) in ein großes Einmachglas geben und zum Mitnehmen verschließen.
2 Vor dem Essen mit 300 ml kochendem Wasser aufgießen und 10–15 Minuten ziehen lassen. Etwas Olivenöl darüberträufeln (das verbessert die Aufnahme der fettlöslichen Vitamine aus dem Gemüse).
3 Mit Sesam und frischen Korianderblättern garnieren. Nach Geschmack mit Salz und Pfeffer abschmecken.

GRÜNE GEMÜSEQUICHE

Grün ist nicht nur die Farbe der Hoffnung, sondern wird in der Naturheilkunde auch der Leber zugesprochen. Der bittere Geschmack der Blattgemüse fördert beispielsweise den Gallenfluss, und die Säure unreifer, grüner Früchte stimuliert das zentrale Stoffwechselorgan Leber. In diesem Rezept dominieren die mineralstoffreichen Blattgemüse Spinat und Krautstiel (Mangold). Sie liefern besonders viel Magnesium, das zentrale Element von Chlorophyll, dem Blattgrün. Ist die Leber gestaut, erhöht sich in der Regel auch der Muskeltonus. Magnesium, aber auch Folsäure, Eisen und Omega-3-Fettsäuren aus Blattgemüse sind da der perfekte Ausgleich. Das Eiweiß aus Schafs- und Ziegenmilch soll für die Leber leichter zu verstoffwechseln sein als Kuhmilcheiweiß, sodass diese Quiche richtig leberfreundlich ist.

1 Dinkelteig, rund ausgerollt (32 cm Durchmesser)

Für den Belag

2 Frühlingszwiebeln
300 g Krautstiel (Mangold)
500 g frischer Blattspinat
1 Knoblauchzehe
1 Handvoll frische Petersilie
50 g Feta oder Ziegenfrischkäse
2 EL Pinienkerne

Für den Guss

300 ml Pflanzenmilch (z. B. Mandel- oder Reismilch)
2 Eier
2 TL Kräutersalz
1 TL Paprikapulver
1 TL Kurkumapulver
3 Prisen Pfeffer aus der Mühle

1. Den Backofen auf 220 Grad Ober- und Unterhitze vorheizen. Den Teig in einer runden Backform ausbreiten, sodass ein etwa 2 cm hoher Rand stehen bleibt. Den Teigboden mehrmals mit einer Gabel einstechen.
2. Für den Belag Frühlingszwiebeln, Krautstiel und Spinat klein schneiden, den Knoblauch pressen. Die Frühlingzwiebeln und den Knoblauch in einem Kochtopf leicht anschwitzen, dann das Blattgemüse dazugeben. Mit 50 ml Wasser ablöschen, den Topf mit einem Deckel schließen und alles weich dünsten.
3. In der Zwischenzeit die Petersilie und den Feta klein schneiden. Falls Ziegenfrischkäse verwendet wird, diesen von Hand zerbröseln.
4. Für den Guss die Pflanzenmilch mit den Eiern und den Gewürzen in einem separaten Gefäß mischen und verquirlen.
5. Das gegarte Gemüse gleichmäßig auf dem ausgelegten Teig verteilen und alles mit dem vorbereiteten Guss übergießen. Die Pinienkerne, den Käse und die Petersilie darübergeben. Im vorgeheizten Ofen etwa 30 Minuten stichfest backen.

SOMMERSALAT MIT MOZZARELLA

Ein einfacher Salat mit dem gewissen Etwas dank der frischen Pfefferminze. Sie gibt diesem Salat nicht nur sommerliche Frische, sondern wirkt auch gallentreibend und damit verdauungsfördernd. Das in frischer Pfefferminze enthaltene ätherische Öl wirkt zudem krampflösend, antibiotisch und antiviral. Wer eine Magenverstimmung mit Krämpfen lindern oder eine sehr schwere Mahlzeit besser verdaulich machen will, kaut am besten einige Pfefferminzblätter. Das enthaltene Menthol lässt als Nebeneffekt gleich auch Mundgeruch verschwinden und hinterlässt ein angenehm kühles Gefühl. Diese kühlende Eigenschaft wirkt naturheilkundlich ausgedrückt zusammenziehend und beruhigend, sodass das ätherische Öl, auf die Schläfen aufgetragen, zum Beispiel auch bei Kopfschmerzen und innerer Unruhe Linderung bringen kann.

1 kleine Frühlingszwiebel
1 Karotte
100 g Mozzarella
1 EL frische Pfefferminze
2 EL frische Petersilie
2 EL frisches Basilikum
3 EL Walnüsse
100 g frischer Blattspinat, ersatzweise Eisbergsalat

1. Frühlingszwiebel, Karotte, Mozzarella und die Kräuter klein schneiden. Die Walnüsse kurz in einer Bratpfanne anrösten.
2. Eine Salatsauce nach Wahl (siehe Seite 188) mixen. Die vorbereiteten Zutaten zusammen mit den Spinatblättern in eine Schüssel geben und gut mit der Salatsauce mischen.

GEFÜLLTE TRUTENSCHNITZEL

Den Hauptteil der Füllung machen Champignons aus. Champignons bestehen aus rund 90 Prozent Wasser, etwa 5 Prozent Eiweiß und 2 Prozent Fett. Das macht sie zu einem besonders kalorienarmen Lebensmittel, welches Vitamin K und D für die Knochen sowie verschiedene Mineralien wie Kalium, Eisen und Zink liefert. Was Pilze als besonders gesundheitsförderndes Lebensmittel auszeichnet, ist jedoch ihr Gehalt an sogenannten »Glykonährstoffen«. Das ist die Faserstruktur des Pilzes, die aus überlebenswichtigen Zuckerbausteinen besteht. Glykonährstoffe können das Immunsystem und das Nervensystem regulieren und allgemein die Zell-zu Zell-Kommunikation verbessern, was den ganzen Stoffwechsel positiv beeinflusst. Trutenfleisch gilt als besonders gut verträglich und zeichnet sich durch seinen hohen Eiweiß- und niedrigen Fettgehalt aus. Gemeinsam mit den Pinienkernen und den grünen Kräutern ist diese Eiweißbeilage also eine runde Sache für den ganzen Organismus und schmeckt richtig lecker in Kombination mit dem Quinoa-Salat (siehe Seite 96) oder einfach grünem Blattgemüse.

Für die Trutenschnitzel

2 EL Pinienkerne
2–4 Champignons
2 Stängel Petersilie
2 Stängel Basilikum
1 Frühlingszwiebel
2 flache Trutenschnitzel (Pute)
1 TL Salz
1 TL edelsüßes Paprikapulver
Olivenöl für die Form

Zum Garnieren

2 Handvoll junger Blattspinat oder Rucola oder Quinoa-Salat (siehe Seite 96)
2 EL Zitronensaft und etwas Balsamicoessig
2 EL Olivenöl

1. Den Backofen auf 160 Grad Umluft vorheizen. Die Pinienkerne in einer Bratpfanne anrösten und dann in eine große Schüssel geben. Champignons, Kräuter und Zwiebel klein schneiden und ebenfalls in die Schüssel geben. Alles mit einem Löffel vermischen.
2. Die Trutenschnitzel jeweils auf beiden Seiten mit Salz und Paprikapulver würzen. 1–2 Esslöffel der vorbereiteten Kräuterfüllung auf die Schnitzel geben, die Schnitzel einrollen und mit Zahnstochern feststecken.
3. Eine Backform mit wenig Olivenöl auspinseln und die gefüllten Trutenschnitzel hineinlegen. Die Form zusammen mit einem separaten kleinen (hitzeresistenten) Behälter, gefüllt mit 150 ml Wasser, in den vorgeheizten Ofen stellen und die Schnitzel etwa 30 Minuten backen.
4. Die gebackenen Trutenschnitzel passen hervorragend zum Quinoa-Salat, können aber auch auf einem Bett aus jungem Spinat oder Rucola angerichtet und mit einem Spritzer Zitronensaft und Balsamicoessig sowie Olivenöl abgerundet und serviert werden.

QUINOA SALAT

Die fünftausend Jahre alte Kulturpflanze Quinoa aus Südamerika gehört zu den Fuchsschwanzgewächsen. Seit einiger Zeit ist das eiweißreiche, mineralstoffreiche und glutenfreie Pseudogetreide auch in Europa erhältlich. »Pseudo« deshalb, weil es als Fuchsschwanzgewächs botanisch dem Spinat näher steht als den eigentlichen Getreidesorten Weizen, Gerste und Co. Der Anbau ist in Europa noch in den Anfängen, sodass bislang noch auf Bio- und Fairtrade-Varianten aus dem Ausland zurückgegriffen werden muss. Als Alternative zu Reis ist Quinoa aber nicht mehr aus der glutenfreien Ernährung wegzudenken.

80 g Quinoa
Salz
100 g Krautstiel (Mangold)
30 g Rucola
100 g Salatgurke
1 Frühlingszwiebel
1 Bund Basilikum
etwas frische Petersilie
Salatsauce nach Wahl
(siehe Seite 88)

1 Das Quinoa mit der dreifachen Menge Wasser weich kochen (ohne Salz). Erst danach salzen, so verkürzt sich die Kochzeit.
2 In der Zwischenzeit Krautstiel, Rucola, Salatgurke, Frühlingszwiebel, Basilikum und Petersilie klein schneiden.
3 Das weich gekochte, gesalzene Quinoa mit dem Gemüse und den Kräutern in eine Salatschüssel geben und mit einer Salatsauce nach Wahl servieren.

Tipp

Dieser Salat passt bestens zum gefüllten Trutenschnitzel von Seite 94. Als Eiweißquelle kann der Salat mit 2 gekochten Eiern, 1 Handvoll Mozzarella oder 2 geräucherten Fischfilets ergänzt werden.

ABENDESSEN

ABENDESSEN

Vor 19 Uhr

Wie viel Zeit kannst du dir nehmen?

Wenig

- Mediterrane Gemüsepfanne (S. 120)
- Asiatische Wokpfanne (S. 124)
- Zucchini-Schiffchen (S. 126)

Ich nehme mir Zeit

- Bohnenplätzchen (S. 116)
- Curryroulade (S. 118)
- Ofenfisch mit Spargel (S. 122)

Nach 19 Uhr

Wie viel Zeit kannst du dir nehmen?

Wenig

- Grüne Suppe (S. 102)
- Orange Suppe (S. 106)
- Rote Suppe (S. 108)

Ich nehme mir Zeit

- Hühnersuppe (S. 112)
- Fisch-Brokkoli-Suppe (S. 110)
- Ofengemüse aller Art (S. 114)

Vor 19 ist besser als nach 19 Uhr.
Entsprechend dem Biorhythmus des Körpers nimmt die Verdauungskraft nach 19 Uhr deutlich ab. Ziel ist es also, vor 19 Uhr zu essen. Wenn es sich nicht vermeiden lässt, nach 19 Uhr zu essen, dann ist es besonders wichtig, eine kleine, leichte und warme Mahlzeit einzunehmen.

Wenig, leicht, warm statt später viel und schwer.
Ein gemüsebasiertes Abendessen ermöglicht guten Schlaf und verhindert Verdauungsstörungen. Denn so werden der Darm und vor allem die Leber entlastet, sodass diese regenerieren und danach der nächtlichen Entgiftungsarbeit nachgehen können.

Ein Spaziergang im Freien statt auf dem Sofa in die Ferne sehen.
Studien haben gezeigt, dass bereits ein 15-minütiger Spaziergang nach dem Essen hilft, das Risiko für Übergewicht und Typ-2-Diabetes zu minimieren. Also raus an die frische Luft, das ist auch die Gelegenheit, das Erlebte vom Tag setzen und die Seele baumeln zu lassen.

GRÜNE SUPPE

Die Basis dieser knallgrünen Suppe ist Brokkoli, das Supergemüse schlechthin. Nicht nur, weil er in der Regel sehr gut vertragen wird, sondern auch, weil er extrem reich an Mineralien und Vitaminen ist. Er enthält beispielsweise fast doppelt so viel Kalzium wie Blumenkohl und dreimal so viel Eisen. Wie andere Kohlsorten gehört er zur Familie der Kreuzblütler, die reich an Sulforaphan sind. Dieser sekundäre Pflanzenstoff neutralisiert besonders effektiv freie Radikale, indem die Entgiftung der Leber aktiviert wird. Er wirkt also zellschützend und sogar krebshemmend. Dieser Inhaltsstoff macht Brokkoli übrigens auch zum Lebensmittel der Wahl bei einem Befall des Magens mit Helicobacter pylori. Dieses meist antibiotikaresistente Bakterium gilt als Hauptverursacher von Magengeschwüren. Also rein mit den grünen Bäumchen!

Für die Suppe

1 Brokkoli (200 g; alternativ Blattspinat oder Krautstiel/Mangold)
1 Frühlingszwiebel oder Schalotte
1 EL Olivenöl
2 TL Kräutersalz
2 Prisen Pfeffer aus der Mühle

Zum Garnieren

2–3 EL saurer Halbrahm (fettreduzierte saure Sahne)
15 Walnusshälften

1. Die Röschen des Brokkoli abtrennen. Die Frühlingszwiebel oder Schalotte in Ringe schneiden, dann kurz im Olivenöl andünsten und mit 300 ml Wasser (oder Weißwein) ablöschen. Den Brokkoli dazugeben und alles 5–10 Minuten dämpfen.
2. In der Zwischenzeit die Walnüsse kurz in einer Bratpfanne anrösten (wenn es schnell gehen muss, kann dieser Schritt auch übersprungen werden). Die Brokkolimischung in einen Mixer geben oder mit einem Pürierstab fein pürieren. Die Gewürze dazugeben. Die Suppe mit etwas Sauerrahm anrichten. Zum Servieren die gerösteten Walnüsse über die Suppe streuen.

Tipp

Zu dieser Suppe passen die Süßkartoffel-Schiffchen (Seite 104) hervorragend.

SÜSSKARTOFFEL SCHIFFCHEN

Süßkartoffeln, die botanisch nur entfernt mit den herkömmlichen Kartoffeln verwandt sind, werden seit einiger Zeit auch in Europa angebaut. Im Vergleich zur Kartoffel liefern sie etwas mehr Zucker als Stärke, was den süßlichen Geschmack erklärt. Die Gesamtkohlenhydratmenge unterscheidet sich bei den beiden jedoch kaum. Spitzenreiter ist die Süßkartoffel allerdings, was den Gehalt an Betacarotin und Vitamin E angeht. Außerdem enthält sie doppelt so viel Kalzium und Vitamin B2 wie Kartoffeln. Die zellschützenden und entzündungshemmenden Vitamine in Kombination mit B2 können zum Beispiel bei Migräne helfen. Im Ofen gebacken, sind Süßkartoffeln als Pommes oder wie hier als Schiffchen mit etwas Frischkäse super als Fingerfood geeignet und ergänzen sowohl Gemüsegerichte als auch Suppen perfekt.

2 Süßkartoffeln
2 EL Olivenöl
4 Prisen Kräutersalz
¼ Bund Schnittlauch
90 g Ziegenfrischkäse
1 gestrichener TL edelsüßes Paprikapulver
2 Prisen Pfeffer aus der Mühle

1. Den Backofen auf 180 Grad Ober- und Unterhitze vorheizen. Die Süßkartoffeln halbieren. Olivenöl und Salz über die Süßkartoffelhälften geben und diese im vorgeheizten Ofen etwa 30 Minuten backen.
2. In der Zwischenzeit den Schnittlauch klein schneiden und in einer Schüssel mit dem Ziegenfrischkäse mischen. Den Ziegenfrischkäse am besten von Hand zerbröseln. Mit Paprikapulver und Pfeffer abschmecken.
3. Die Süßkartoffelhälften aus dem Ofen nehmen (den Ofen nicht ausschalten). Die Frischkäsefüllung auf die vorgebackenen Süßkartoffeln geben und diese weitere 5–10 Minuten backen.

ORANGE SUPPE

Gelb-orangen Lebensmitteln wird in der Naturheilkunde nachgesagt, dass sie besonders »die Mitte stärken«. Mit der Mitte sind Magen, Milz und Pankreas (Bauchspeicheldrüse) gemeint. Der Bereich wird in der Humoralmedizin auch als »Erste Kochung« bezeichnet, weil hier die erste Assimilierung beziehungsweise Verdauung der Nahrung stattfindet. Sind diese Organe geschwächt, so zieht das für die ihnen folgenden Verdauungs- und Stoffwechselorgane Probleme nach sich. Diese wärmende Suppe stärkt an kalten Herbst- und Wintertagen besonders gut von innen.

Für die Suppe

300 g Kürbis oder Karotten (oder 200 g Karotten und 100 g Quitten)
1 Frühlingszwiebel oder Schalotte
Ghee oder Olivenöl
1 TL Salz
1 gestrichener TL Kurkumapulver
½ TL Chilipulver
1 Scheibe (1 cm dick) frischer Ingwer
40 g Sauerrahm (saure Sahne)

Zum Garnieren

2 EL Kürbiskerne, geröstet
1 EL Koriander oder Frühlingszwiebelringe, fein geschnitten

1. Den Kürbis oder die Karotten in grobe Stücke schneiden. Die Frühlingszwiebel oder Schalotte in Ringe schneiden, in etwas Ghee oder Olivenöl andünsten, die Gewürze dazugeben und mitdünsten. Kürbis oder Karotten beifügen und mit 300 ml Wasser auffüllen. Mit geschlossenem Deckel auf hoher Stufe 10–15 Minuten dämpfen.
2. In der Zwischenzeit die Kürbiskerne kurz in einer Bratpfanne anrösten. Den Inhalt des Topfes in einen Mixer geben, mit den getrockneten Gewürzen und dem frischen Ingwer abschmecken und alles gut mixen.
3. Die gemixte Suppe zurück in den Topf geben, den Sauerrahm untermischen und auf niedriger Stufe köcheln lassen. Zum Servieren die gerösteten Kürbiskerne und den Koriander oder Frühlingszwiebelringe über die Suppe streuen.

ROTE SUPPE

Randen (Rote Bete) gehören zu den Spitzenreitern in Sachen Kalium- und Kupfergehalt. Kupfer wird neben Eisen und einigen B-Vitaminen für die Hämoglobinbildung benötigt, weshalb diese Knolle wohl nicht nur wegen ihrer roten Farbe seit jeher als blutbildend gilt. Verfärben sich übrigens der Stuhl und Urin nach dem Genuss von Randen rötlich, dann kann das ein Hinweis auf eine belastete Leber sein. Die Farbstoffe würden sonst dem Stoffwechsel zugeführt und verwertet werden.

Für die Suppe
2 Schalotten oder kleine Zwiebeln
1 Knoblauchzehe
250 g Randen (Rote Bete)
100 g Karotte
½ Apfel (ca. 100 g)
1 Scheibe (1 cm dick) frischer Meerrettich
1–2 EL Olivenöl
100 ml Weißwein
2 TL Kräutersalz
2 EL Sauerrahm (saure Sahne)

Zum Garnieren
etwas Sauerrahm
1 Handvoll frische Petersilie, gehackt

1. Die Schalotten oder Zwiebeln und den Knoblauch fein, Randen und Karotte in Stücke schneiden. Den Apfel entkernen und mit Schale in Stücke schneiden. Den Meerrettich schälen.
2. Die Zwiebeln und den Knoblauch mit dem Olivenöl in einem hohen Topf dämpfen. Mit dem Weißwein ablöschen. Randen, Karotte, Apfel sowie Meerrettich und Salz dazugeben. Mit 300 ml Wasser auffüllen und 20 Minuten kochen lassen.
3. Die Suppe im Mixer oder mit einem Pürierstab fein pürieren. Abschmecken und mit dem Sauerrahm und der Petersilie garnieren.

FISCH BROKKOLI SUPPE

Regionaler Fisch findet bei uns viel zu selten den Weg auf den Teller. Gemäß der Umweltorganisation WWF kommen 90 Prozent des verzehrten Fischs aus dem Ausland. Am besten holt man sich den Fisch beim Fischhändler seines Vertrauens oder schnappt sich den WWF-Ratgeber für Fische und Meeresfrüchte. Die im Rezept aufgeführten Fische können einmal pro Woche ohne Bedenken konsumiert werden. Fisch als leichte Eiweißquelle zusammen mit regenerierend wirkendem Gemüse ist eine super Kombination fürs Abendessen. Was bei diesem Menü auf keinen Fall fehlen darf, ist Dill mit seinen positiven gesundheitlichen Auswirkungen (siehe Kapitel »Medizin aus dem Kräutergarten«, Seite 22). Außerdem passt das Gewürz Galgant mit seinem leicht senfartigen Geschmack hervorragend zu jedem Fisch. Geröstete Pinienkerne oder Mandelsplitter runden das Ganze mit einer erdig-nussigen Note ab.

Für die Suppe

2 Frühlingszwiebeln oder Schalotten
1 Handvoll Dill oder Petersilie
1 Knoblauchzehe
250 g Brokkoli
3 EL Olivenöl
2 TL Galgantpulver
4 Prisen Pfeffer aus der Mühle
2 TL Kräutersalz
200 g Eglifilet (Flussbarsch), Dorsch, Felchen, Saibling, Regenbogenforelle, Dorade, europäischer Karpfen (aus nachhaltiger Fischerei bzw. Bioqualität)
100 ml Weißwein

Zum Garnieren

2–3 EL Pinienkerne oder Mandelsplitter
etwas Dill oder Petersilie

1. Die Frühlingszwiebeln oder Schalotten und die Kräuter klein schneiden, den Knoblauch durchpressen. Den Brokkoli in mundgerechte Röschen zerteilen.
2. Einen Topf erhitzen. Das Olivenöl in den Topf geben und darin Zwiebeln und Knoblauch mit Galgant, Pfeffer und Salz leicht andünsten. Den Fisch in mundgerechte Stücke schneiden, dazugeben und leicht anbraten. Mit dem Weißwein ablöschen und mit 600 ml Wasser auffüllen. Dann den Brokkoli dazugeben und alles 30 Minuten kochen lassen. Abschmecken und eventuell mit Salz und Pfeffer nachwürzen.
3. Die Pinienkerne oder Mandelsplitter nach Wunsch in einem Topf ohne Öl leicht anrösten und gemeinsam mit Dill oder Petersilie als Garnitur verwenden.

REGENERIERENDE HÜHNERSUPPE

Die gute alte Hühnersuppe darf auf keinen Fall fehlen, wenn es darum geht, Nahrung als Heilmittel zu nutzen. Seit jeher wird sie bei Erschöpfung (z. B. nach einer Geburt) und Krankheiten (akuten sowie chronischen) eingesetzt. Entscheidend ist dabei, dass Hühnerfleisch mit Knochen über lange Zeit gekocht wird. Es gilt, je länger die Kochzeit, desto intensiver der Geschmack und desto wärmender und regenerierender die Wirkung. Man kann die Suppe beispielsweise auf niedrigster Stufe zugedeckt 24 Stunden köcheln lassen. Die enthaltenen Wurzel- und Lauchgemüse halten ihre Form und geben dem Ganzen, gemeinsam mit den wärmenden Gewürzen, das bekannte Bouillon-Aroma. Wohl bekomms!

Für die Suppe
2 kleine Zwiebeln oder Schalotten
1 Knoblauchzehe
¼ Stange Lauch
100 g Knollensellerie
100 g Karotten
80 g Wirz (Wirsing)
1 daumengroßes Stück frischer Ingwer
2 EL Olivenöl
2 TL Kräutersalz
1 TL Kurkumapulver
300–400 g Pouletschenkel mit Knochen (Huhn)
3 Lorbeerblätter
3 Gewürznelken
3 Prisen Pfeffer aus der Mühle

Zum Garnieren
¼ Bund Petersilie oder Schnittlauch

1 Zwiebeln, Knoblauch und Lauch in Ringe schneiden, dabei den Knoblauch in etwas feinere Ringe schneiden oder nach Wunsch auch durchpressen. Den Sellerie und die Karotten in Würfel, den Wirz in kleine Stücke schneiden. Den Ingwer schälen und fein schneiden.
2 In einem großen Topf im heißen Olivenöl Zwiebeln, Knoblauch und Lauch mit Salz, Kurkumapulver und Ingwer anschwitzen. Die Pouletschenkel dazugeben und auf hoher Stufe kurz auf beiden Seiten anbraten. Mit 800 ml Wasser ablöschen und die Temperatur auf mittlere Stufe zurückschalten.
3 Das restliche vorbereitete Gemüse, die Lorbeerblätter und die Nelken dazugeben. Die Suppe bei kleiner Hitze mit geschlossenem Deckel etwa 3 Stunden kochen lassen (falls zu viel Wasser verdampft, Wasser nachgießen).
4 Den Pfeffer dazugeben und abschmecken, bei Bedarf nachwürzen. Vor dem Servieren die Kräuter klein schneiden und dazugeben.

OFENGEMÜSE ALLER ART

Ofengemüse ist das Gericht der Wahl, wenn die Ideen ausgehen oder Gemüsereste zu verwerten sind. Jegliche Kombination von Gemüsen lässt sich im Ofen zu einem leckeren Gericht zaubern. Das Rezept kann also saisonal variiert werden. Als besonders leckere Ergänzung sollten Nüsse nicht fehlen. Diese werden im Ofen schön mitgeröstet und geben dem Gericht eine knackig-nussige Note. Bei den Kräutern können abwechselnd Rosmarin, Thymian oder auch Oregano zum Einsatz kommen. Auch schrumpelige Äpfel oder braun gewordene Birnen können ein Ofengericht super ergänzen und geben ihm eine spannende süße Note. Da darf auch mal Zimt als zusätzliches Gewürz im sonst salzigen Gericht zum Einsatz kommen. Ausprobieren lohnt sich!

100 g Pastinake oder Karotte
100 g Süßkartoffel oder Rande (Rote Bete)
100 g Brokkoli
100 g Zucchini oder Fenchel
1 Apfel oder Birne, ungeschält
50 g Walnüsse, Pekannüsse, Mandeln oder Kürbiskerne
3 EL Olivenöl
2 gestrichene TL Kurkumapulver
1 TL edelsüßes Paprikapulver
1 TL Kräutersalz
2 Prisen Pfeffer aus der Mühle
etwas Zimtpulver, nach Wunsch
1 Bund Thymian, Rosmarin oder Oregano, klein geschnitten

1 Den Backofen auf 180 Grad Ober- und Unterhitze vorheizen. Sämtliches Gemüse sowie den Apfel oder die Birne in mundgerechte Stücke schneiden. Mit den Nüssen oder Kernen in eine große Schüssel geben und mit dem Olivenöl, den Gewürzen und den klein geschnittenen Kräutern mischen.
2 Auf einem mit Backpapier ausgelegten Backblech verteilen und in der Mitte des vorgeheizten Ofens etwa 30 Minuten backen.
3 Das gebackene Gemüse aus dem Ofen nehmen und zusammen mit einem Joghurtdip (siehe Seite 180) servieren.

Tipp
Reste können am nächsten Tag für den Nudelsalat (Seite 74) verwendet werden.

BOHNEN PLÄTZCHEN

Bohnen wurden bereits im alten Ägypten kultiviert und gehören zu den ältesten Kulturpflanzen der Welt. Schwarze Bohnen waren übrigens lange Zeit das Grundnahrungsmittel von Indianerstämmen und verliehen den Kriegern besonders viel Ausdauer und Stärke. Diese Hülsenfrüchte liefern auf 100 Gramm satte 22 Gramm Eiweiß. Gemeinsam mit dem Ei und dem Feta erreichen diese Plätzchen somit locker den Eiweißgehalt von Fleisch. Das macht sie beispielsweise zur perfekten, vegetarischen Burger-Alternative. Die Plätzchen können aber auch mit einem Joghurt-Kräuter-Dip als Frühstück oder als Beilage zu einem Salat oder Ofengemüse gegessen werden.

400 g weiße oder schwarze Bohnen (wenn es schnell gehen muss, aus der Dose; sonst am Vorabend eingeweicht und gekocht)
100 g Feta
2 Eier
1 Frühlingszwiebel
1–2 Knoblauchzehen
2 Handvoll Kräuter (z. B. Basilikum, Petersilie, Schnittlauch)
ca. 1 TL Salz
1 TL edelsüßes Paprikapulver
3 große Prisen schwarzer Pfeffer aus der Mühle

1. Den Backofen auf 180 Grad Umluft vorheizen. Die weich gekochten Bohnen und den Feta mit den Händen oder einer Gabel in einer Schüssel gut zerdrücken, die Eier aufschlagen und dazugeben. Frühlingszwiebel, Knoblauch und Kräuter klein schneiden und ebenfalls dazugeben.
2. Die Gewürze dazugeben und alles gut durchkneten, bis eine teigartige Masse entsteht. Vorsicht: Feta gibt dem Ganzen bereits eine salzige Note.
3. Aus der Masse Plätzchen formen und diese auf einem mit Backpapier belegten Backblech verteilen. Alles im vorgeheizten Ofen etwa 30 Minuten goldbraun backen.
   Achtung: Die Plätzchen verlaufen ein wenig und benötigen daher beim Verteilen auf dem Blech ausreichend Platz.

CURRY ROULADE

Wirz, auch Wirsing genannt, galt früher als Kohl der Armen. Der unscheinbare Kopfkohl hat es aber in sich. Er gehört zu den Kohlsorten mit dem höchsten Gehalt an Senfölglykosiden, was ihn besonders krebshemmend und immunstärkend macht. Außerdem ist er mit seinen grünen Blättern reich an Folsäure, womit die meisten Menschen eher unterversorgt sind. Was viele nicht wissen, ist, dass Wirz nicht nur in Suppen oder als Krautwickel verwendet werden kann, sondern auch als Rohkostsalat. In diesem Rezept werden die Wirzblätter roh zum Einwickeln einer Füllung verwendet und im Ofen sanft gedämpft. Dazu passt als Kontrast zum Beispiel ein Randen-Apfel-Salat (siehe Seite 82).

4 große Blätter Wirz (Wirsing)
50 g Hirse
Salz
1 getrocknete Feige
50 g Feta oder Mozzarella
1 Frühlingszwiebel
½ kleine Zucchini
2 EL Mandelsplitter
1 TL Currypulver
½ TL Kräutersalz
2 Zweige Koriander
2 Zweige Thymian

1. Den Backofen auf 180 Grad Ober- und Unterhitze vorheizen. Die Wirzblätter abtrennen und beiseitelegen. Die Hirse etwa 30 Minuten in 200 ml gesalzenem Wasser garen, danach abgießen.
2. Feige, Feta oder Mozzarella, Frühlingszwiebel und Zucchini in kleine Stücke schneiden und mit den Mandelsplittern und der Hirse in eine Schüssel geben. Alles gut mit einer Gabel mischen und klein stampfen, bis eine teigartige Masse entsteht. Mit Curry und Salz würzen. Koriander und Thymian klein schneiden und dazugeben. Die Masse noch einmal abschmecken.
3. Mithilfe eines Esslöffels die Masse auf den vorbereiteten Kohlblättern verteilen, diese einzeln zu kleinen Rouladen rollen und mit Küchenschnur (jeweils ungefähr 30 cm) zusammenbinden.
4. Die fertigen Rollen in eine Gratinform mit wenig Wasser legen und alles im vorgeheizten Ofen etwa 15 Minuten backen.

MEDITERRANE GEMÜSEPFANNE

Quinoa sollte auf jeden Fall ohne Salz und bei »hartem« Wasser mit einer Messerspitze Natron gekocht werden. Die Kochzeit verkürzt sich dadurch erheblich. Die mediterrane Note erhält dieses Gericht durch die Kombination aus Knoblauch, Rosmarin, Olivenöl, Feta, Pinienkernen, dem süßen Aroma der Feigen sowie reichlich Gemüse. In den 1960er-Jahren wurde die berühmte »Sieben-Länder-Studie« durchgeführt, die aufzeigte, dass die traditionelle Ernährung der Menschen im Mittelmeerraum einige gesundheitliche Vorteile mit sich bringt. Insbesondere was die Herz-Kreislauf- und die Hirngesundheit angeht, aber auch hinsichtlich der Krebsvorsorge und der Gewichtsregulierung scheint diese Ernährungsform erwiesenermaßen zu nützen. Dieses Gericht vereint auf einfache Art und Weise die Grundsätze dieser heilsamen Ernährung. Da fehlt eigentlich nur noch ein gutes Glas Rotwein.

Für die Gemüsepfanne

80 g Quinoa
Salz
1 mittelgroße Schalotte
1 Knoblauchzehe
2 getrocknete Feigen
1 Handvoll frischer Rosmarin oder Thymian
1 kleiner Brokkoli (200 g)
1 mittelgroße Karotte
100 g Gartenbohnen, frisch oder tiefgekühlt
2 EL Olivenöl
1 TL Kräutersalz
3 Prisen Pfeffer aus der Mühle
1 TL edelsüßes Paprikapulver
1 EL Sauerrahm (saure Sahne)

Zum Garnieren

2 EL Pinienkerne
100 g Feta

1. Das Quinoa ohne Salz mit der dreifachen Menge Wasser weich kochen, erst danach salzen.
2. Schalotte, Knoblauch, Feigen und Kräuter grob hacken, den Brokkoli und die Karotte in kleine Stücke schneiden. Die Spitzen der Gartenbohnen abschneiden, die Bohnen bei Bedarf halbieren.
3. In einer Wokpfanne Schalotte, Knoblauch, Feigen und Kräuter im Olivenöl sanft andünsten. Das restliche Gemüse dazugeben und kurz mitdünsten, mit den Gewürzen abschmecken. 200 ml Wasser dazugeben und alles 15 Minuten kochen lassen.
4. Die Sauce mit dem Sauerrahm verfeinern, abschmecken und bei Bedarf nachwürzen.
5. Die Pinienkerne leicht anrösten. Den Feta zerzupfen und zusammen mit den Pinienkernen zu dem Gericht servieren.

OFENFISCH MIT SPARGEL

Wie Lauch, Zwiebeln und Knoblauch gehört Spargel ebenfalls zur Familie der Liliengewächse. Das erklärt auch den Schwefelgehalt, der sich aber erst beim Gang auf die Toilette am Geruch des Urins erkennbar macht. Auch die alten Ägypter und Griechen aßen Spargel und schätzten seine entwässernde und entgiftende Wirkung. Anders als es uns das Angebot im Supermarkt weismachen will, hat das Frühlingsgemüse nur von April bis Juni Saison. Frischen Spargel erkennt man übrigens am Quietschen, wenn zwei Spargelstangen aneinandergerieben werden. Spargel (das bedeutet übersetzt »junger Trieb«) wird dann grün, wenn er beim Wachsen das Erdreich verlässt und mithilfe des Sonnenlichts Chlorophyll (Blattgrün) bildet. So rundet dieses elegante Gemüse das Gericht nicht nur farblich ab.

1 Frühlingszwiebel
1 Knoblauchzehe
2 EL Olivenöl
200 g grüner Spargel (ca. 7 Stangen) oder Pastinaken (Juli bis März)
180 g Minikarotten oder lange, dünne Süßkartoffeln
1 TL Meersalz
4 Prisen Pfeffer aus der Mühle
100 ml Weißwein
3 EL Sesam
1 TL Galgantpulver
1 TL milder Senf
½ Zitrone
2 Forellenfilets (z. B. Regenbogenforelle)

Zum Garnieren
1 Handvoll Dill
3–4 EL Sauerrahm (saure Sahne)

1. Den Backofen auf 160 Grad Umluft vorheizen. Die Frühlingszwiebel in Scheiben schneiden, den Knoblauch pressen und beides mit dem Olivenöl in eine Gratinform geben. Spargel und Karotten oder Süßkartoffeln längs aufschneiden und ebenfalls in die Gratinform geben. Salz und Pfeffer hinzufügen und untermischen. Mit 100 ml Wasser und dem Weißwein auffüllen und alles etwa 20 Minuten im vorgeheizten Ofen garen.
2. Sesam, Galgant, Senf und 2 Esslöffel Zitronensaft zu einer Marinade verrühren und den Fisch damit marinieren. 2–3 Zitronenscheiben darüber verteilen. Den marinierten Fisch auf das vorgegarte Gemüse legen und im vorgeheizten Ofen etwa 25 Minuten gar backen.
3. Den Dill klein hacken und mit dem Sauerrahm vermischen. Den fertigen Fisch damit garnieren, sodass eine sämige Sauce entsteht.

ASIATISCHE WOKPFANNE

Über kaum eine Hülsenfrucht wird in der Ernährungswelt so heftig diskutiert wie über Soja. Fakt ist, dass Soja nicht nur in Sachen Eiweißgehalt hervorsticht, sondern auch seine Eiweißqualität nahe an jene von Fleisch herankommt. Aus ökologischer Sicht macht es durchaus Sinn, solche Fleischalternativen zu berücksichtigen, sofern dafür keine Regenwälder gerodet werden und Soja von fernen Ländern importiert wird. Dabei vergessen viele, dass es Soja auch aus einheimischer Bioproduktion (ohne Genmanipulation) gibt. Soja bereichert unsere Ernährung mit genschützendem Genistein, das unter anderem Krebs vorbeugen kann. In diesem Gericht kommen Tofu, Sojasprossen und Sojasauce zum Einsatz, was ein- oder zweimal pro Woche konsumiert garantiert bedenkenlos beziehungsweise sogar gesundheitsförderlich und ökologisch ist.

Für die Wokpfanne
100 g Reis (Basmati oder Jasmin)
Salz
240 g Tofu oder Geflügelfleisch
1 Frühlingszwiebel
1 Knoblauchzehe
2 Scheiben frischer Ingwer
50 ml Sojasauce
60 g Champignons
120 g Karotten
100 g Gartenbohnen, frisch oder tiefgekühlt
1 EL Ghee (geklärte Butter)
100 ml Fischsauce oder Wasser
1–2 Handvoll Sojasprossen
Galgantpulver

Zum Garnieren
1 Handvoll frischer Koriander
2 EL Sesam
½ Chilischote, nach Wunsch

1. Den Reis kurz waschen und mit etwas Salz und der doppelten Menge Wasser ohne zu rühren gar kochen.
2. In der Zwischenzeit den Tofu oder das Geflügelfleisch in Würfel schneiden. Frühlingszwiebel, Knoblauch und Ingwer hacken und zusammen mit dem Tofu oder Geflügel in der Sojasauce einlegen. Die Champignons in dünne Scheiben und die Karotten in feine Streifen schneiden, die Spitzen der Gartenbohnen abschneiden.
3. Den eingelegten Tofu oder das Geflügel mit etwas Ghee in einem Wok knusprig anbraten. Die Temperatur herunterschalten. Das Gemüse dazugeben und kurz mitbraten. Mit der Fischsauce oder dem Wasser ablöschen, die Sprossen hinzufügen und alles 15 Minuten kochen lassen. Mit Salz und Galgant abschmecken und mit dem gekochten Reis servieren.
4. Als Garnitur passen Koriander und (gerösteter) Sesam und eventuell frische Chiliringe.

ZUCCHINI SCHIFFCHEN

Zucchini oder Zucchetti, wie sie auch genannt werden, sind mit dem Kürbis verwandt. Sie sind bei uns saisonal zwischen Mai und Oktober erhältlich. Ihren Namen haben sie vom italienischen *zucca* für Kürbis, Zucchini meint also entsprechend »kleiner Kürbis«. Bezüglich der meisten Inhaltsstoffe liegen sie im Vergleich zu anderem Gemüse im Durchschnitt. Was aber den Jodgehalt angeht, stechen sie gemeinsam mit Schwarzwurzel, Spinat und Lauch hervor. Jod wird vom Körper unter anderem für die Schilddrüsenhormonproduktion sowie für die Gehirnentwicklung gebraucht. Zucchini gelten als besonders leicht verdaulich, sodass dieses Gericht etwa in Kombination mit Pesto oder einem Kräuter-Joghurt-Dip (siehe Seite 178, 180) ein leckeres und vollwertiges Abendessen darstellt.

40 g Vollkornreis
2 große Zucchini
2 EL Olivenöl zum Bestreichen
Salz
ca. ½ Stange Lauch
2 TL frische mediterrane Kräuter (Oregano, Rosmarin, Thymian)
60 g Mozzarella, geraspelt, oder Ziegenfrischkäse
1 EL Kürbiskerne oder andere Samen
1 TL Kräutersalz
1 Prise Pfeffer aus der Mühle
1 TL edelsüßes Paprikapulver

1. Den Backofen auf 180 Grad Ober- und Unterhitze vorheizen. Den Reis mit der doppelten Menge Wasser etwa 40 Minuten weich kochen (für eine schnelle Variante Basmati- oder Jasminreis verwenden, diese sind in ungefähr 15 Minuten weich), dann abgießen und abtropfen lassen.
2. Die Zucchini längs halbieren, mit einem Teelöffel das Innere herauslösen und die Hälfte davon in einer separaten Schüssel beiseitestellen (wird für die Füllung verwendet; den Rest anderweitig verwenden). Die ausgehöhlten Zucchini mit dem Olivenöl bestreichen, wenig salzen und 5–10 Minuten im vorgeheizten Ofen garen.
3. In der Zwischenzeit die Lauchstange längs halbieren und in Streifen schneiden, die Kräuter hacken. Alles in die Schüssel zu dem Zucchinifleisch geben. Käse, Reis, Kerne oder Samen und die Gewürze ebenfalls in die Schüssel geben und alles zu einer gleichmäßigen, kompakten Masse verrühren.
4. Die Zucchinihälften aus dem Ofen nehmen und mit der vorbereiteten Masse füllen. Zurück in den Ofen geben und weitere 20–30 Minuten backen.

DESSERTS

FROZEN JOGHURT

Was könnte erfrischender sein als die Kombination von sommerlichen Beeren und kühlendem Naturjoghurt? Für Extrasüße sorgen in diesem Dessert etwas Honig oder Datteln. Datteln liefern zwar eine Menge Mineralstoffe, sollten aber mit Zurückhaltung genossen werden, da sie den Blutzucker stark beeinflussen. Der Fruchtzuckergehalt von Honig lässt sich übrigens an der Konsistenz erkennen. Je härter der Honig, desto weniger Fruchtzucker, denn Fruchtzucker kristallisiert weniger schnell. Für Extrafarbe sorgen Randen (Rote Bete). Rohes beziehungsweise kalt verarbeitetes Gemüse ist viel weniger intensiv im Geschmack als gekochtes, sodass es auch mal im Dessert »versteckt« werden kann. Übrigens lohnt es sich, im Sommer frische Beeren einzufrieren – so kann dieses Dessert auch außerhalb der Beerensaison zubereitet werden.

Für den Frozen Joghurt

150 g tiefgekühlte Beeren
180 g Naturjoghurt
50 g Rande (Rote Bete)
1–2 EL Honig oder 2–3 große Datteln zum Süßen
¼ Vanilleschote, Mark
etwas Zimtpulver und/oder Vanillepulver, nach Wunsch

Zum Garnieren

2 EL Mandelsplitter, Nüsse, Samen oder Kerne
einige frische Beeren
2 Minzeblätter

1. Alle Zutaten in den Mixer geben (oder in ein schmales Gefäß, falls mit einem Stabmixer gearbeitet wird) und zu einer gleichmäßigen Masse mixen oder pürieren. Nach Wunsch etwas Zimt und/oder Vanillepulver dazugeben.
2. Die Mandelsplitter, Nüsse, Samen oder Kerne ohne Öl in einer Bratpfanne kurz goldbraun rösten, dann beiseitestellen.
3. Den Frozen Joghurt in Gläser füllen und mit den gerösteten Mandelsplittern, ein paar frischen Beeren sowie je 1 Minzeblatt garnieren.

Tipps

- Reste des Joghurtgetränks kann man in einen Gefrierbehälter geben, mit gerösteten Mandelsplittern bedecken, mit einem Deckel verschließen und einfrieren. So entsteht ein erfrischendes Eis, das man zu einem späteren Zeitpunkt schlemmen kann.
- Falls mit einem Stabmixer gearbeitet wird, sollte gekochte Rande (Rote Bete) verwendet werden.

ENERGIE KUGELN

Klein, aber oho! Diese süßen Kugeln sind nicht nur ein Gaumenschmaus, sondern überzeugen auch inhaltlich. Die überlebenswichtigen entzündungshemmenden Fettsäuren aus Walnüssen sowie die wertvollen Mineralien aus Mandeln (Eisen, Kalzium) und Kakao (Kalium, Magnesium, Eisen, Zink) machen die Sache rund. Im Kakao ist nicht nur Tryptophan als Vorstufe des Glückshormons Serotonin enthalten, sondern auch der Stoff Theobromin. Theobromin ist mit dem Koffein verwandt und wirkt ebenfalls anregend auf das Nervensystem – zwar weniger intensiv, aber dafür länger anhaltend. Außerdem ist dieser Stoff leicht entwässernd, gefäßerweiternd, herzstimulierend, muskelentspannend und stimmungsaufhellend. (Ein kleiner Hinweis am Rande: Da Hunden, Katzen und Pferden das Enzym für den Abbau von Theobromin fehlt, wirkt Kakao bei ihnen ab einer gewissen Dosis – ca. ½ Tafel dunkle Schokolade – giftig.)
Die kleinen Glückskugeln werden in Sesam gewendet. Das rundet sie nicht nur optisch ab, sondern beeinflusst durch den zusätzlichen Gehalt an Zink auch die psychische Verfassung positiv. (Zinkmangel kann sich durch weiße Flecken auf den Nägeln und schlecht heilende Wunden bemerkbar machen.)

Für 20 Kugeln
100 g Walnüsse
150 g gemahlene Mandeln
100 g Datteln, entsteint
ca. 4 EL Wasser
100 g ungesüßtes Kakaopulver
2 EL Ghee (geklärte Butter)
1 TL Zimtpulver
¼ TL Kardamompulver
¼ TL Ingwerpulver
1 EL Birkenzucker
3 EL Sesam zum Wenden

1. Alle Zutaten bis auf den Sesam in einem leistungsstarken Mixer pürieren. Die Masse in eine Schüssel geben, bei Bedarf noch 1 Esslöffel Wasser dazugeben und mit den Händen verkneten.
2. Aus der Masse Kugeln formen. Die Kugeln im Sesam wenden – fertig!

HILDEGARDS NERVENKEKSE

Die Benediktinerin Hildegard von Bingen (1098–1179) ist berühmt für ihr breites Wissen in der europäischen Kräuter- und Gewürzheilkunde und deren frühe therapeutische Anwendung. Für Hildegard war Dinkel in seiner Urform (der nicht mit Weizen gekreuzte Urdinkel) das nahrhafteste und am besten verträgliche Getreide. Darum bildet es die Basis dieser Kekse, die hier anders als im Originalrezept zugunsten einer niedrigeren Kohlenhydratmenge mit mehr gemahlenen Nüssen versetzt werden. Was sie zudem auszeichnet, ist die relativ große Menge der hirnstimulierenden Gewürze Muskat, Zimt und Nelken. Die Muskatnuss ist für ihre psychoaktive Wirkung bekannt – Rauschzustände sind allerdings erst ab 10 Gramm zu erwarten, und von derart großen Mengen ist aufgrund der unangenehmen Nebenwirkung abzuraten.
Die Nervenkekse sollen alle fünf Sinne stärken. Zu einem Gewürztee oder Kakao (siehe Seite 156, 158) passen sie hervorragend.

Ergibt ca. 30 Stück
120 g Urdinkelmehl
120 g gemahlene Mandeln oder Haselnüsse
4 EL Birkenzucker
2 TL Zimtpulver
3 TL geriebene Muskatnuss
5 Prisen Nelkenpulver (oder 5 ganze, geriebene Gewürznelken)
1 Prise Salz
60 g Ghee (geklärte Butter)
1 großes Ei

1 Alle Zutaten in eine Schüssel geben, gut vermischen und zu einer gleichmäßigen Masse verkneten. Den fertigen Teig aufrollen, in ein Backpapier einwickeln und 1 Stunde in die Tiefkühltruhe legen, sodass die Rolle fest wird.
2 Nach 50 Minuten den Backofen auf 180 Grad Umluft vorheizen. Die nun feste Teigrolle auswickeln und in etwa 1 cm dicke Scheiben schneiden. Die Scheiben auf einem mit Backpapier ausgelegten Backblech verteilen und im vorgeheizten Ofen etwa 10 Minuten backen.

SÜSSKARTOFFEL BOHNEN BROWNIE

Süßkartoffeln und Bohnen im Dessert? Das geht tatsächlich, denn sie verleihen dem Teig nicht nur etwas Süße, sondern auch die perfekte Brownie-Konsistenz. Cannellinibohnen gelten als besonders gut verträglich und liefern wertvolle Pflanzenfasern. Der Eiweiß- und Fasergehalt sorgt dafür, dass das Dessert den Blutzucker nicht in die Höhe schnellen lässt. Für die restliche Süße sorgt Birkenzucker (Xylit), der Karies hemmt und kaum Kalorien hat. Xylit wurde um 1890 entdeckt und wird als Zuckeralternative eingesetzt, ohne dass er wie Zucker stark auf die Zucker- und Insulinkurve einwirkt. Der Ersatz ist allerdings etwas teurer als Haushaltszucker und kann in hohen Mengen zu Blähungen führen und abführend wirken. Auch hier gilt also die Devise: »Die Menge machts.«

240 g Süßkartoffeln
240 g Cannellinibohnen, weich gekocht, oder aus der Dose
160 g Birkenzucker
2 Eier
200 g gemahlene Mandeln
5 EL feine Haferflocken
5 EL Bio-Kakaopulver (ohne Zucker)
2 TL Zimtpulver
½ TL Vanillepulver
2 Prisen Salz
140 g Walnüsse oder Pekannüsse
1–2 EL Kakaopulver zum Bestreuen

1. Den Backofen auf 180 Grad Umluft vorheizen. Die Süßkartoffeln in Stücke schneiden und zusammen mit den weich gekochten Bohnen, dem Birkenzucker und den Eiern in einem leistungsstarken Mixer zu einer gleichmäßigen Masse mixen. Die Masse in eine große Schüssel geben.
2. Die gemahlenen Mandeln, die Haferflocken, das Kakaopulver und die Gewürze dazugeben. Die Nüsse in Stücke brechen und ebenfalls hinzufügen. Alles zu einer gleichmäßigen Masse vermischen und auf einem mit Backpapier ausgelegten Blech etwa 2 cm dick ausstreichen. In der Mitte des vorgeheizten Ofens etwa 20–30 Minuten backen.
3. Nach dem Backen aus dem Ofen nehmen, abkühlen lassen, in kleine Stücke schneiden und mit dem Kakaopulver bestäuben.

MARRONI-CAKE MIT BEEREN

Marroni, auch Maronen oder Edelkastanien genannt, sind wohl der beliebteste Snack an kalten Herbst- und Wintertagen. Genau genommen sind Kastanien Nüsse, nur liefern sie deutlich mehr Kohlenhydrate und weniger Eiweiß und Fett als andere Nüsse. Das erklärt auch den süßlichen Geschmack und den tiefen Kaloriengehalt. Was die Mineralien angeht, liegen Kastanien deutlich hinter anderen Nüssen, dafür ist ihr Vitamin-C-Gehalt ganze fünfzehnmal höher. Gemeinsam mit süßen Herbstäpfeln und dem wärmenden Zimt ist dieser Cake ein super Dessert in der kalten Jahreszeit. Die geschmolzenen Beeren aus dem Gefrierfach (Reserve vom Sommer) runden den erdigen Kuchen nicht nur mit einer säuerlich-süßen Note, sondern auch farblich ab.

Für eine Cakeform von 30 cm Länge

2 mittelgroße Eier
2 süße Äpfel (280 g)
350 g Marroni (Esskastanien), tiefgekühlt und aufgetaut oder frisch
50 g Ghee (geklärte Butter)
1 TL Zimtpulver
1 Vanilleschote, Mark
1 gestrichener TL Salz
3 EL Birkenzucker
2 gestrichene TL Natron
200 g gemahlene Mandeln oder Haselnüsse
100 g Urdinkelmehl (oder Reismehl als glutenfreie Alternative)
2 EL Leinsamen
2 EL Sesam

Zum Garnieren

200 g gemischte Beeren, frisch oder tiefgekühlt
etwas Zimt-, Vanille- und Kardamompulver
1 EL Birkenzucker

1. Den Backofen auf 190 Grad Ober- und Unterhitze vorheizen. Die Cakeform mit Backpapier auskleiden.
2. Die Äpfel entkernen (nicht schälen!). Eier, Äpfel, Marroni, Ghee, Gewürze, Birkenzucker und Natron in einen leistungsstarken Mixer geben und zu einer gleichmäßigen Masse pürieren. Die Mandeln oder Haselnüsse und das Mehl dazugeben und nochmals pürieren. Leinsamen und Sesam unterrühren.
3. Den Teig in die vorbereitete Cakeform füllen und im vorgeheizten Ofen 50–60 Minuten backen.
4. In der Zwischenzeit die Beeren in einem kleinen Topf mit etwas Wasser erwärmen. Mit Zimt, Vanille, Kardamom und Birkenzucker abschmecken.
5. Den fertigen Cake auf einem Gitter auskühlen lassen, in Scheiben schneiden und mit den Beeren servieren.

SÜSSER WURZEL-CAKE

Diese Cake-Version ist eine regionale Alternative zum Bananenbrot. Anstelle der Banane kommen hier süße Wurzelgemüse wie Randen (Rote Bete), Pastinaken, Karotten oder Süßkartoffeln zum Einsatz. Die rote Rande verleiht dem Cake eine ganz besondere Färbung, aber auch Pastinaken sind eine leckere Alternative. Die unscheinbare weiße Rübe liegt geschmacklich zwischen Sellerie und Karotte und ist überraschend süß. Sie enthält mehr Vitamin C als Karotten und liefert eine große Menge an Pektin. Pektine sind Pflanzenfasern, die unsere positiven Darmbakterien »füttern« und so überleben lassen (ein »Präbiotikum« also). Der Cake hält sich, in Backpapier eingewickelt, im Kühlschrank eine Woche oder kann in Scheiben geschnitten und eingefroren und bei Bedarf getoastet werden. Mit gesalzener Butter oder mit einem selbst gemachten Nussmousse bestrichen, schmeckt er besonders lecker.

Für eine Cakeform von 25 cm Länge

150 g gemahlene Mandeln oder Haselnüsse
150 g feine Haferflocken
3 EL Leinsamen
250 g Wurzelgemüse (z. B. Randen/Rote Bete, Pastinaken, Karotten, Süßkartoffeln)
3 Eier
1 TL Zimtpulver
¼ TL Vanillepulver
¼ TL Kardamompulver
1 gestrichener TL Salz
2 EL Birnendicksaft oder Birkenzucker

Zum Garnieren

2 EL Leinsamen, Sesam, Kürbis- oder Sonnenblumenkerne zum Bestreuen, nach Wunsch

1 Den Backofen auf 170 Grad Ober- und Unterhitze vorheizen. Die Cakeform mit Backpapier auslegen.
2 Die gemahlenen Mandeln oder Nüsse, Haferflocken und Leinsamen in eine große Schüssel geben. Das Gemüse fein raspeln und dazugeben. Eier, Gewürze und Birnendicksaft oder Birkenzucker hinzufügen. Alles gut vermischen, bis eine homogene Masse entsteht.
3 Den Teig 5–10 Minuten stehen lassen, damit die Flocken quellen können. Dann in die vorbereitete Form füllen und mit einem Löffel leicht festdrücken. Nach Wunsch mit Samen oder Kernen bestreuen. In der Mitte des vorgeheizten Ofens etwa 70 Minuten backen.
4 Den Cake aus der Backform nehmen und auf einem Holzbrett oder Gitter abkühlen lassen.

APFEL AUS DEM OFEN

So einfach und sooo lecker! Die winterlichen Gewürze passen perfekt zum Apfel; was dem Ganzen aber das gewisse Etwas verleiht, sind die Lavendelblüten. Sie werden am Schluss als Garnitur über den Apfel gestreut und geben dem bodenständigen Dessert eine wunderbar blumige Note. Die violette Blüte aus dem Mittelmeerraum ist bekannt dafür, dass sie beruhigend auf das Gemüt wirkt und bei Einschlafstörungen hilft. Anstelle von Äpfeln können übrigens auch Birnen verwendet werden.

Für die Äpfel

2 Äpfel
½ TL Ingwerpulver
2 Prisen Nelkenpulver
2 Prisen geriebene Muskatnuss
1 TL Zimtpulver
60 g Walnüsse
1 EL Birnendicksaft oder Melasse

Zum Garnieren

Lavendelblüten und nach Wunsch flüssiger Honig zum Garnieren

1. Den Ofen auf 180 Grad Umluft vorheizen. Die Äpfel quer halbieren und das Kerngehäuse herauslösen, sodass eine Mulde entsteht. Mit den Gewürzen bestreuen und im vorgeheizten Ofen etwa 10 Minuten backen.
2. In der Zwischenzeit die Walnüsse von Hand oder mit einem Mörser zerkleinern und in einer kleinen Schale mit dem Birnendicksaft oder der Melasse mischen.
3. Die Apfelhälften aus dem Ofen nehmen (den Ofen nicht ausschalten) und mit den süßen Nüssen füllen. Weitere 10–15 Minuten backen.
4. Mit Lavendelblüten und nach Wunsch flüssigem Honig garnieren.

FRUCHT CRUMBLE

Ein Sommerdessert aus dem Ofen? Warum nicht! Aprikosen und Beeren sind die Sommerfrüchte schlechthin. Es lohnt sich, sie auf Vorrat einzufrieren, sodass dieses lauwarme Dessert ebenso in den kalten Wintermonaten zubereitet werden kann. Beeren gelten aufgrund ihrer Fülle an sekundären Pflanzenstoffen als extrem entzündungshemmend. Zu diesen Pflanzenstoffen gehören verschiedene Farbstoffe (Flavonoide) wie etwa Quercetin. Dieser gesundheitsfördernde Stoff ist auch unter den Schalen von Zwiebeln, Kapern und Äpfeln, aber auch in Wein enthalten. Quercetin wurde sehr gut erforscht und gilt aufgrund seiner zellschützenden Wirkung als besonders vorbeugend gegen Krebs und Diabetes. Aprikosen bringen mit ihrem schönen Orange eine zusätzliche farbliche Komponente, aber auch besonders viel zellschützendes Betacarotin. Grundsätzlich kann dieses Dessert natürlich auch mit anderen saisonalen Früchten zubereitet werden.

4 Aprikosen (250 g), entsteint
100 g Beeren (z. B. Heidelbeeren, Brombeeren), frisch oder tiefgekühlt
Ghee (geklärte Butter) für die Form, nach Wunsch

Für den Crumble
30 g Haferflocken
3 EL Mandelblättchen
50 g Walnüsse, gehackt
2 EL Sonnenblumenkerne
15 g Ghee (geklärte Butter)
1 Vanilleschote, Mark
1 TL Zimtpulver
30 g Birnenzucker
1 EL Wasser

1 Den Backofen auf 180 Grad Ober- und Unterhitze vorheizen. Die Früchte in kleine Stücke schneiden und in eine Auflaufform geben (bei Bedarf den Boden der Form mit wenig Ghee einfetten, damit es nicht klebt).
2 Alle Zutaten für den Crumble in eine Schüssel geben und gut vermischen. Die Crumble-Masse gleichmäßig über den Früchten verteilen. Die Form mit Alufolie abdecken und den Crumble im vorgeheizten Ofen etwa 30 Minuten backen.

GETRÄNKE

SMOOTHIES

Die Grundprinzipien der Zusammenstellung

- Saisonale Früchte wie auch saisonales Gemüse zu gleichen Teilen bilden die Basis von Smoothies. Zuerst sollten Sie sich überlegen, welche Farbe der Smoothie haben soll. Wählen Sie dann die entsprechenden Gemüse und Früchte aus. Werden alle Farben gemischt, ist das Resultat meist ein unappetitliches Braun.
- Es braucht keine zusätzlichen Süßstoffe wie Zucker. Für den süßen Geschmack sorgen die Früchte (rohe Gemüse haben kaum Eigengeschmack). Darum sind reife und überreife Früchte bestens für Smoothies geeignet.
- Milch oder Fruchtsäfte haben nichts in Smoothies verloren, man braucht sie nicht.
- Als zusätzliche Flüssigkeit wird Wasser verwendet. Um den Geschmack abzurunden und für längere Haltbarkeit zu sorgen, kann etwas frischer Zitronensaft zugefügt werden. Der Zitronensaft verleiht eine frische Note und macht den Smoothie bis zu zwei Tage haltbar (Vitamin C hemmt die Oxidation).
- Um den Smoothie noch köstlicher und entzündungshemmender zu gestalten, können Ingwer, Kräuter, Gewürze, Pflanzenöl, Nüsse und andere »Superfoods« dazugegeben werden. Besonders die Zugabe von Pflanzenöl und Nüssen ist wertvoll, da diese dafür sorgen, dass die fettlöslichen Vitamine (z. B. Betacarotin in Karotten) im Darm besser aufgenommen werden können. Gleichzeitig dienen sie als Geschmacksverstärker und verbessern die Konsistenz des Getränks.

Gut zu wissen

- Wenn alle Zutaten zu Hause griffbereit sind, sind Smoothies mit einem leistungsstarken Mixer im Handumdrehen zubereitet. Man spart Zeit, da die meisten Früchte und Gemüse nicht extra geschält oder gekocht werden müssen.
- Wenn es schnell gehen muss, kann ein Smoothie sogar das Frühstück ersetzen oder in einer kleinen Flasche als Energiedrink für unterwegs mitgenommen werden. Damit sorgen Sie auch in hektischen Zeiten für eine optimale Nährstoffversorgung Ihres Körpers.
- Angeschnittenes Gemüse, Salatreste oder überreife Früchte können in Smoothies verwertet statt weggeworfen werden. Damit leisten Sie einen wertvollen Beitrag zur Vermeidung von Food Waste und sparen zudem Geld.
- Aufgrund des hohen Pflanzenfaseranteils in Smoothies dauert die Verdauung länger als die eines Fruchtsafts, sodass der Blutzucker langsamer ansteigt. Dadurch lassen sich Heißhungerattacken, Energiemangel und Konzentrationsstörungen vermeiden.
- Die Zugabe von einem Esslöffel Lein- oder Hanföl in Smoothies liefert bereits die Tagesmenge an überlebenswichtigen Fettsäuren, die zum Beispiel das Herz-Kreislauf-Risiko senken, für starke Nerven und eine schönere Haut sorgen. Diese Öle sollten übrigens nie erhitzt werden.
- Smoothies sollten nicht in großen Mengen und nicht in einem Zug getrunken werden. 300–400 ml pro Tag reichen völlig (und es muss auch nicht täglich sein). Die einzelnen Schlucke sollten unbedingt gut eingespeichelt und langsam getrunken werden, damit der Darm nicht überfordert wird.

ROTER SMOOTHIE
GELBER SMOOTHIE

Früchte und Gemüse mit gelb-oranger Farbe und süßlichem Geschmack stärken die sogenannte »Mitte«, also Magen, Milz und Pankreas (Bauchspeicheldrüse). Erdige Gemüse wie Karotten in Kombination mit Ingwer und Kurkuma wärmen außerdem von innen und lassen erschöpfte Gemüter wieder Energie tanken. Die große Ladung an Betacarotin wird zusammen mit dem Öl besonders gut aufgenommen und stärkt im Körper als Provitamin A Schleimhäute und Augen.

Beeren sind reich an zellschützenden sekundären Pflanzenstoffen, vor allem Quercetin sowie Resveratrol und OPC in der Schale und den Kernen von Trauben. Rande (Rote Bete) wirkt blutbildend, und die hochwertigen Öle tragen zur Geschmeidigkeit der Zellwände bei, sodass Arteriosklerose vorgebeugt werden kann. Das Vitamin C im Zitronensaft schützt die Gefäßwände und die empfindlichen Inhaltsstoffe (z. B. Fettsäuren) zusätzlich.

Die »Mitte« stärkender Smoothie (1 Portion)

1 kleiner Apfel, 1 kleine Birne oder 2 Aprikosen (100 g)
1 kleine Karotte
200 ml Wasser
½ Zitrone, Saft (ca. 3 EL)
1 EL Hanf- oder Leinöl

Extras

1 dünne Scheibe frischer Ingwer oder 2 Prisen Ingwerpulver
1 dünne Scheibe Kurkumawurzel oder 2 Prisen Kurkumapulver

Herz-Kreislauf-Smoothie (1 Portion)

1–2 Handvoll (ca. 100 g) Beeren nach Wahl, in der Saison frisch, ansonsten tiefgekühlt (Himbeeren, Blaubeeren, Brombeeren, Boysenbeeren, Kirschen, Preiselbeeren)
ca. 80 g Rande (Rote Bete), roh oder gekocht
200 ml Wasser
½ Zitrone, Saft (ca. 3 EL)
1 EL Hanf- oder Leinöl

Extras

ca. 10 rote Trauben mit Kernen
4 Walnusshälften

GRÜNE SMOOTHIES

Diese grünen Smoothies liefern eine Menge B-Vitamine, Magnesium, Eisen und Omega-3-Fettsäuren, die in Kombination mit Chlorophyll (Blattgrün) besonders die Leber stärken. Im »Entgiftungs-Smoothie« wirkt das im Kohl enthaltene Sulforaphan gemeinsam mit den Algen zusätzlich leberentgiftend und -reinigend und damit krebsvorbeugend. Die große Menge Vitamin C aus der Zitrone verbessert sowohl den Zellschutz als auch die Eisenaufnahme im Darm. Grün ist die Farbe der Leber, der saure Geschmack bringt sie in Schwung, und die Minzeblätter lassen die Galle wieder besser fließen.

Der »Nach-dem-Sport-Smoothie« enthält zusätzlich Reisproteinpulver, das geschmacksneutral ist und eine besonders gute Eiweißzusammensetzung hat, außerdem Kürbiskerne und Hanfsamen, die neben Pinienkernen und Mandeln zu den eiweißreichsten Kernen überhaupt gehören. Die erhöhte Flüssigkeitsmenge in diesem Smoothie gleicht den Wasserverlust durch das Schwitzen aus. Ein perfekter Regenerations-Shake auch für spät abends nach dem Training.

Nach-dem-Sport-Smoothie (400–500 ml)

1 kleiner kräftiger Apfel (100 g)
1 Handvoll frischer Blattspinat
300 ml Wasser
1 Zitrone, Saft (ca. 5 EL)
1 EL Hanf- oder Leinöl

Extras

2 EL Kürbiskerne oder Hanfsamen
1 TL Reisproteinpulver

Entgiftungs-Smoothie (400 ml)

1 kleiner säuerlicher kräftiger Apfel (100 g)
½ Handvoll Federkohl (Grünkohl) oder Spinatblätter
½ Handvoll Rucola
200 ml Wasser
1 unbehandelte Zitrone, Saft (ca. 5 EL) und etwas abgeriebene Schale
1 EL Hanf- oder Leinöl

Extras

3–4 mittelgroße Minzeblätter
¼ gestrichener TL Spirulina (Algenpulver)

NUSSMILCH GOLDENE MILCH

Die »Goldene Milch«, ein alter ayurvedischer »Zaubertrank«, liefert eine therapeutisch hohe Dosis der extrem entzündungshemmenden Kurkuma (Gelbwurz). Zusammen mit etwas Pfeffer und anderen wärmenden Gewürzen ist dieser Drink eine Wohltat für Darm und Leber und nährt mit den enthaltenen Nussfasern die positiven Darmbakterien. Dank des leicht süßen Geschmacks ist dieses Getränk eine super Alternative, um süße Gelüste beispielsweise am Abend zu stillen. In eine Flasche abgefüllt, halten sich beide Milchzubereitungen im Kühlschrank 3 bis 4 Tage.

Nussmilch (500 ml)

2 Handvoll Mandeln, Walnüsse, Pekannüsse, Kürbiskerne oder Macadamianüsse (60 g)
1 EL Kokosfett
1–2 EL Honig oder 3–4 Datteln, entsteint
2 Prisen Gewürze (Zimt-, Vanille- oder Kardamompulver)
400 ml Wasser
1 Prise Salz

Für einen besonders nussigen Geschmack die Mandeln, Nüsse oder Kerne mit Kokosfett in einer Pfanne leicht anrösten. Dann mit Honig oder Datteln, den Gewürzen und dem Wasser in einen leistungsstarken Mixer geben und etwa 1 Minute gut pürieren. Nach Wunsch die Milch durch ein Sieb filtern und kühl oder erwärmt genießen.

Goldene Milch (500 ml)

400 ml Wasser
2 Handvoll Mandeln (60 g)
2 gestrichene TL Kurkumapulver
4 große oder 8 kleine Datteln, entseint, oder 2–3 EL Honig
¼ TL Zimtpulver
2 Prisen frisch geriebene Muskatnuss
2 Prisen Vanillepulver oder Mark von ¼ Vanilleschote
1 Prise Salz

Alle Zutaten in einen leistungsstarken Mixer geben und zu einer glatten Milch pürieren.

SÜSSER CHAI LATTE

Chai steht im asiatischen und orientalischen Raum für »Tee«. Ein süßlicher Gewürztee, der mit seinen wärmenden und verdauungsfördernden Gewürzen jeden Winterabend versüßt. Die anregenden Gewürze wirken auch besonders gut dem bekannten Energietief nach dem Mittag entgegen. Dieser Tee regt den Stoffwechsel nicht zuletzt aufgrund des im Schwarztee enthaltenen Teins beziehungsweise Koffeins an. Dank des Birkenzuckers (Xylit) schmeckt der Tee angenehm süß, ohne den Blutzucker in die Höhe schnellen zu lassen oder Karies zu fördern.

Für 500 ml

1 Zimtstange oder ¼ TL Zimtpulver
3 Kardamomkapseln oder ¼ TL Kardamompulver
3–4 Gewürznelken
200 ml Wasser
2 Beutel Schwarztee
3 Scheiben frischer Ingwer
200 ml Mandel-, Reis- oder Hafermilch
1 EL Birkenzucker oder Honig

1 Zimt, Kardamom und Gewürznelken in einer Bratpfanne leicht anrösten, bis es duftet. Mit dem Wasser ablöschen. Die Teebeutel und den Ingwer dazugeben und alles 4–5 Minuten köcheln lassen.

2 Die Teebeutel entfernen, die Milch dazugeben und einmal aufkochen. Den Tee durch ein Sieb gießen und mit etwas Birkenzucker oder Honig süßen.

VEGANER KAKAO

Kakao gehört zu den wohl mineralstoffreichsten Lebensmitteln, die es gibt. Obwohl er bei uns nicht wächst, hat es einige gesundheitliche Vorteile, von Zeit zu Zeit einen hochwertigen Bio- und Fairtrade-Kakao zu genießen. Er wirkt anregend auf das Gehirn und die Libido und enthält die wertvolle Aminosäure Tryptophan. Diese ist Ausgangsstoff für die körpereigene Herstellung des Glückshormons Serotonin. Serotonin wiederum ist die Vorstufe des Schlafhormons Melatonin, das mithilfe von ausreichend B-Vitaminen für einen tiefen und erholsamen Schlaf sorgt. Kakao wirkt also beruhigend und anregend zugleich. Mit Birkenzucker und Zimt wird das Getränk schön süßlich, ohne den Blutzucker zu stark zu beeinflussen. So wirkt der warme Kakao insgesamt doch eher beruhigend und bietet eine tolle Alternative bei Süßgelüsten am Abend. Freie Fahrt für süße Träume!

Für 500 ml

300 ml Mandel-, Reis- oder Hafermilch, ungezuckert oder selbst gemacht (siehe Seite 154)
200 ml Wasser
1 EL ungesüßtes Kakaopulver
1 EL Birkenzucker
½ TL Zimtpulver
2 Prisen Vanillepulver oder Mark von ¼ Vanilleschote
1 kleine Prise Salz

Alle Zutaten im Mixer zu einem leckeren Kakao mixen. In einem Topf kurz erwärmen und lauwarm genießen.

BITTERGRÜNER WACHMACH SHOT

Der bittere Geschmack mag nicht jedem auf Anhieb gefallen, doch was er im Körper auslöst, ist beeindruckend. Im Zuge der Evolution wurde der Geschmack »bitter« im Stammhirn als potenziell gefährlich abgespeichert, da Giftpflanzen in der Natur fast immer bitter schmecken. Bittere Gemüse wecken und trainieren somit das Immunsystem und auch die Aufmerksamkeit. Außerdem schmecken besonders gallentreibende und zellschützende sekundäre Pflanzenstoffe bitter, was dem ganzen Organismus zugutekommt. Spannend ist dabei, dass die Bitterwahrnehmung genetisch mit weiteren Merkmalen verknüpft ist. So sollen Personen, die bitter besonders stark wahrnehmen, die sogenannten »Super-Taster« (ca. 20 Prozent der Bevölkerung), ein besseres Immunsystem haben. Diese Menschen mögen bitter schmeckende Lebensmittel jedoch aufgrund der intensiven Wahrnehmung oft nicht. Trinken sollten sie diesen Shot trotzdem, gerade wenn es darum geht, das Immunsystem auf die kalte Jahreszeit vorzubereiten.

Für 400–500 ml

1 säuerlicher Apfel (150 g)
1 Handvoll Rucola oder Löwenzahn
1 Limette oder Zitrone, Saft (ca. 6 EL)
½ unbehandelte Biozitrone oder -Limette mit Schale
1 EL Hanföl
200 ml Wasser

Extra (für einen etwas lieblicheren Geschmack)

1 Handvoll Basilikum, nach Wunsch

Den Apfel entkernen, in Stücke schneiden und mit den restlichen Zutaten mixen. Nach Bedarf mit Wasser verdünnen und nach Wunsch mit Basilikum verfeinern.

INGWER KURKUMA SHOT

Ingwergewächse haben zahlreiche positive gesundheitliche Auswirkungen. Dieses Rezept vereint besonders antibiotisch wirkende Zutaten aus dem Arzneischrank der Natur in einem einzigen Getränk als Shot. Die Kombination mit dunklem Honig und Zitronensaft macht dieses Getränk nicht nur schmackhaft, sondern auch zum Mittel der Wahl, wann immer sich eine Erkältung anbahnt oder die Grippe sich ausbreitet. Dieser potente Schluck macht allen bösen Keimen den Garaus. Prost auf die Gesundheit!

Für 300 ml
15 g frischer Ingwer
1 unbehandelte Zitrone
300 ml Wasser
¼ TL Kurkumapulver
2 Prisen Pfeffer aus der Mühle
2 EL dunkler Honig

1. Den Ingwer schälen und grob würfeln. Die Zitrone auspressen und ein kleines Stück Schale abschneiden.
2. Den Ingwer mit Zitronenschale, 4 Esslöffeln Saft, dem Wasser, Kurkumapulver, Pfeffer und Honig im Mixer fein mixen.
3. Das Getränk in eine Flasche oder ein Schraubglas abfüllen und im Kühlschrank aufbewahren. Vor dem Trinken jeweils gut schütteln.

SWIZZLE

Amerikanische und kanadische Farmer tranken den »Swizzle« bereits im 18. Jahrhundert an heißen Tagen bei der Heuernte als Erfrischungsgetränk. Dieses einfach hergestellte Getränk gilt aufgrund des enthaltenen Ingwers und Honigs als besonders magenstärkend und entzündungshemmend. Die Säure und Elektrolyte aus dem Apfelessig wirken positiv auf den Säure-Basen-Haushalt und geben dem Getränk die angenehm erfrischende Säure. Wichtig: Nur der naturtrübe Apfelessig enthält all die wertvollen Enzyme, die den Swizzle so darmfreundlich machen. Diesen findet man in jedem Bioladen.

Für 1 Liter

8–10 g frischer Ingwer
½ Zitrone, Saft (ca. 3 EL)
1 Apfel (120 g)
900 ml Wasser
1–2 TL Honig
2 EL naturtrüber Apfelessig
Eiswürfel und Minzeblätter zum Garnieren, nach Wunsch

1. Den Ingwer schälen. Die Zitrone auspressen. Den Apfel entkernen (nicht schälen). Alles mit dem Wasser, dem Honig und dem Apfelessig in einen Mixer geben und kurz mixen.
2. In einen Krug umfüllen, nach Wunsch Eiswürfel dazugeben und mit Minzeblättern garnieren.

Tipps

- Etwas frische Kurkumawurzel oder -pulver (¼ Teelöffel) dazugeben, um die entzündungshemmenden Eigenschaften des Getränks zu verstärken.
- Frische Minze unterstützt den erfrischenden Geschmack und außerdem den Gallenfluss. Das macht dieses Getränk zum perfekten alkoholfreien Aperitif oder Digestif.

BASISREZEPTE

GHEE
GEKLÄRTE BUTTER

Der Begriff »Ghee« stammt aus der indischen Heilkunst Ayurveda. Ghee gilt dort als reinigendes und darmstärkendes Allheilmittel. In Europa spricht man von geklärter Butter. Bei deren Herstellung werden alle Kuhmilcheiweißbestandteile abgetrennt und der restliche Wassergehalt durch Erhitzen entfernt, sodass das reine Butterfett zurückbleibt. Aufgrund der enthaltenen kurz- und mittelkettigen Fettsäuren ist Ghee nicht nur sehr hitzestabil und lange haltbar, sondern auch besonders leicht verdaulich und wirkt daher positiv auf die Darm- und die Hirngesundheit. Ghee eignet sich perfekt zum heißen Anbraten und kann über mehrere Monate im Schrank gelagert werden.

Für 400 g
500 g Butter

1. Die Butter in einem mittelgroßen Kochtopf auf der zweitniedrigsten Stufe schmelzen lassen. Dann auf der niedrigsten Stufe weiter langsam köcheln lassen, bis sich an der Oberfläche das karamellisierte, bräunliche Milcheiweiß ablagert. **Wichtig: nicht umrühren!**
2. Sobald kein Blubbern mehr zu hören ist (nach etwa 30–40 Minuten), kann die Butter durch ein Mulltuch/Leinentuch oder ein sehr feines Sieb in ein Einmachglas (500 ml Inhalt) gesiebt und so vom Eiweiß geklärt werden.
3. Die geklärte Butter kann im Küchenschrank 4–6 Monate und im Kühlschrank für 6–8 Monate gelagert werden. Im Kühlschrank wird das Ghee fest, Im Küchenschrank bleibt es leicht flüssig (je nach Raumtemperatur). Wichtig ist, das Ghee stets mit einem sauberen Löffel aus dem Glas zu nehmen, um Schimmel zu vermeiden.

OVERNIGHT URDINKEL FERMENTBROT

Mithilfe der kleinen Menge Hefe in Kombination mit den Milchsäurebakterien aus dem Naturjoghurt werden Kohlenhydrate aus dem Mehl abgebaut. Dabei entstehen Gase und Säuren, wodurch das Brot schön luftig und leicht säuerlich wird. Dieser Gärungsprozess wird Fermentation genannt, wobei ein Sauerteig entsteht. Diese Art der Teigherstellung verbessert nicht nur den Geschmack, sondern auch die Verdaulichkeit und Haltbarkeit. Auf diese Art wurde Brot über Jahrtausende traditionell hergestellt, ganz nach dem Prinzip: »Gut Ding will Weile haben.« Studien zeigen: Es lohnt sich insbesondere für die Darmgesundheit.

400 g Urdinkelmehl
1 TL Salz
300 ml Wasser
1 EL Naturjoghurt oder »Sauerteigmutter«
¼ TL Trockenhefe oder ¼ Frischbackhefewürfel
1 EL Olivenöl

1 Das Mehl in eine große Schüssel geben und das Salz daruntermischen. Den Naturjoghurt und die Hefe mit 300 ml Wasser mischen (nicht über 45 Grad warm, sonst arbeitet die Hefe nicht mehr richtig).
2 Alles inkl. Olivenöl und gegebenenfalls Leinsamen (siehe Tipp) in der Schüssel gründlich zu einem homogenen, relativ feuchten Teig verkneten. Den Teig in eine mit Backpapier ausgekleidete Cakeform geben und für 12 bis 15 Stunden, zum Beispiel über Nacht, luftig aufgehen lassen.
3 Den Backofen auf 230 Grad Ober- und Unterhitze vorheizen und das Brot für 30 Minuten in der Ofenmitte knusprig backen. Das Brot aus der Form kippen und auf dem Ofengitter oder Backblech weitere 5–10 Minuten mit Unterhitze fertig backen.

Tipp
Um dem Brot eine besondere Note zu geben und die Verdaulichkeit noch mehr zu verbessern, können Kräuter oder auch Nüsse und Samen sowie Gewürze beigegeben werden, beispielsweise ½ Teelöffel Kardamom, 3 Esslöffel Leinsamen und 1 Bund Rosmarin (gehackt oder ganze Nadeln).
Das Brot kann auch in einer zuvor eingefetteten und mit Mehl beschichteten Form besonders knusprig gebacken werden.

RANDEN MEERRETTICH AUFSTRICH

Lösliche Nahrungsfasern aus Randen (Roter Bete) und Meerrettich wirken als »Bakteriennahrung« positiv auf die Darmgesundheit. Außerdem wird der Rande eine blutbildende Wirkung nachgesagt, sie gehört zu den kupfer- und kaliumreichsten Gemüsen, was sich unter anderem positiv auf einen zu hohen Blutdruck auswirkt. Die sogenannte »weiße Schärfe« des Meerrettichs stärkt und unterstützt Lunge und Dickdarm. Schärfe ist allgemein bekannt dafür, Poren zu öffnen und von Stagnation zu befreien. Senf mit seinen Senfölglykosiden enthält wichtige Stickstoffverbindungen, die genschützend wirken und bei der Entgiftung von Schwermetallen helfen.

200 g Randen (Rote Bete), roh
4 EL Olivenöl
2 EL Hanföl
60 g Haselnüsse
10 g frischer Meerrettich
1 TL milder, ungesüßter Senf
½ Zitrone, Saft (2–3 EL)
1 TL Kräutersalz
1 gestrichener TL Galgantpulver
2 Prisen Pfeffer aus der Mühle

1 Alle Zutaten in einem leistungsstarken Mixer pürieren. In ein Einmachglas füllen und kühl stellen; dabei wird die Konsistenz noch etwas fester.
2 Der Aufstrich hält sich im Kühlschrank ungefähr 1 Woche. Er eignet sich als Brotaufstrich oder Dip, beispielsweise zu Reis- oder Dinkel-Cracker.

Tipps

- Die Mischung kann mit 1 Teelöffel Aroniapulver aufgepeppt werden, für eine extra Portion Antioxidantien.
- Wenn der Mixer zu schwach ist, um die rohen Randen zu mixen, können gekochte Randen verwendet werden (der Aufstrich wird dann etwas flüssiger).

GRÜNER CANNELLINI HUMMUS

Cannellini- und weiße Bohnen gelten als besonders verträglich, liefern viele Pflanzenfasern sowie Kalium und Magnesium als basische Mineralien. Sesam ist unter den Nüssen und Samen die beste Kalzium- und Zinkquelle. Knoblauch gibt dem Ganzen nicht nur eine intensivere Note, sondern liefert auch bioaktive Substanzen, die die Gene und Blutgefäße schützen (Krebs- und Herz-Kreislauf-Vorsorge). Und Kreuzkümmel und Basilikum gelten als die besten Mittel gegen Blähungen, sodass dieser reichhaltige Aufstrich besonders gut verdaulich ist.

Für 400 g

250 g Cannellini- oder große weiße Bohnen
3 EL Sesam (50 g)
½ Knoblauchzehe
½ Zitrone, Saft (ca. 2 EL)
1 Bund Petersilie
1 Bund Basilikum
4 EL Olivenöl
2 EL Hanföl
1 gestrichener TL Kräutersalz
½ TL Kreuzkümmelpulver

1. Die Bohnen einweichen und weich kochen (idealerweise am Vortag) oder für die schnelle Version bereits gekochte Bohnen aus der Dose verwenden. Die Bohnen in ein Sieb geben, kurz mit Wasser abspülen und die Flüssigkeit abtropfen lassen.
2. Den Sesam ohne Öl in einer Bratpfanne leicht anrösten.
3. Alles in einem leistungsstarken Mixer pürieren. Direkt genießen oder in ein Einmachglas füllen und kühl stellen; so wird die Konsistenz noch etwas fester. Der Hummus hält sich im Kühlschrank etwa 1 Woche.

KAROTTEN INGWER AUFSTRICH

Lösliche Pflanzenfasern in Karotten und Knoblauch sind bestes »Bakterienfutter« (Präbiotika). In Kombination mit dem Sauerrahm (Probiotikum) unterstützt das die positiv wirkenden Darmbakterien. Betacarotin in Karotten schützt als Antioxidans unsere Zellen und ist gleichzeitig die Vorstufe von Vitamin A (wichtig für gesunde Schleimhäute und die Sehkraft). Knoblauch und Kurkuma (in Kombination mit schwarzem Pfeffer) verstärken den zell- und genschützenden Effekt. Und zu guter Letzt liefern Walnüsse entzündungshemmende Fettsäuren sowie Vitamin E und B und verschiedene Mineralien.

Für 300 g
140 g Karotten
80 g Sauerrahm (saure Sahne)
70 g Walnüsse
2 EL Olivenöl
½ Knoblauchzehe
1 daumengroßes Stück frischer Ingwer
1 gestrichener TL Kräutersalz
3 Prisen Pfeffer aus der Mühle
½ TL Kurkumapulver
3 Prisen Cayennepfeffer

1 Alle Zutaten in einem leistungsstarken Mixer pürieren. In ein Einmachglas abfüllen und kühl stellen, dabei wird die Konsistenz nochmals etwas fester.
2 Der Aufstrich hält sich im Kühlschrank ungefähr 1 Woche. Er eignet sich als Brotaufstrich oder Dip, beispielsweise zu Reis- oder Dinkel-Cracker.

RUCOLA KÜRBISKERN PESTO

Dieser Aufstrich liefert eine geballte Ladung grüne Energie. Chlorophyll gibt den Blättern die grüne Farbe. Es gilt als zellschützend und liefert zudem viel Magnesium und Folsäure. Kürbiskerne sind neben Sesam der beste Zinklieferant und zudem reich an Eiweiß, Kalium, Magnesium, Eisen, Jod, Betacarotin und Vitamin E. Das grüne Hanföl liefert zusätzlich antientzündliche Fettsäuren, die die Zellmembranen flexibler machen. Dank Basilikum und Galgant ist dieser Aufstrich auch besonders gut verdaulich.

Für 300 g
2 Handvoll Rucolablätter
2 Bund Basilikum
8 EL Olivenöl
2 EL Hanföl
120 g Kürbiskerne
½ Knoblauchzehe
1 TL Kräutersalz
1 TL Galgantpulver
3 Prisen Pfeffer aus der Mühle

1. Alle Zutaten in einem leistungsstarken Mixer pürieren. In ein Einmachglas abfüllen und kühl stellen, dabei wird die Konsistenz nochmals etwas fester.
2. Der Aufstrich hält sich im Kühlschrank ungefähr 1 Woche. Er eignet sich als Brotaufstrich oder Dip, beispielsweise zu Reis- oder Dinkel-Cracker.

Tipps
- Zusätzlich ½ Teelöffel Kurkuma mitmixen, um die entzündungshemmende Wirkung zu verstärken.
- Durch leichtes Anrösten erhalten die Kürbiskerne einen intensiveren Geschmack.
- Die antioxidative Wirkung kann mit 1 Teelöffel Spirulina (Blaualge) verstärkt werden; sie gilt als stärkstes natürliches Antioxidans und liefert besonders viel Astaxanthin.
- Wer mag, kann 3–4 Esslöffel Parmesan daruntermixen, dies erhöht den Kalzium- und B-Vitamin-Gehalt zusätzlich.

JOGHURT KRÄUTER DIP

So einfach und so lecker. Die Kombination von probiotischem Naturjoghurt (darmfreundliche Laktobazillen) und präbiotischen Nahrungsfasern aus Kräutern (Bakterienfutter) ist eine Wohltat für den Darm. Knoblauch und die ätherischen Öle aus den frischen Kräutern machen außerdem den krankmachenden Darmbakterien den Garaus und geben dem Dip gemeinsam mit etwas Pfeffer und Kräutersalz die extra Würze. Dieser Kräuterdip kann verschiedenste Speisen ergänzen, von der Rohkost am Mittag bis zum Ofengemüse am Abend.

Für 400 g

½ Bund Schnittlauch
½ Bund Basilikum
2 Becher Naturjoghurt oder Schafsjoghurt (360 g)
½ TL Kräutersalz
1 Prise Pfeffer aus der Mühle
1 EL Hanf- oder Leinöl
1 Knoblauchzehe

Die Kräuter klein schneiden. Den Joghurt in eine Schüssel geben. Die Kräuter und Gewürze sowie das Öl hinzufügen. Den Knoblauch pressen und unterrühren.

SALZIGE NUSS ROSMARIN CRACKER

Alle anderen Proteinriegel können einpacken. Dieser selbst gemachte Cracker ist nicht nur eine Bombe aus pflanzlichem (Nüsse) und tierischem (Eier) Eiweiß, sondern auch reich an entzündungshemmenden Fettsäuren (Leinsamen). Gemeinsam mit Rosmarin stärkt er insbesondere das Herz-Kreislauf-System. Die enthaltenen Eier sind wie auch die Sonnenblumenkerne beste Vitamin-B-Lieferanten für starke Nerven. Besonders gestresste Menschen, aber auch Sportler haben einen erhöhten Zinkbedarf. Die enthaltenen Kürbiskerne und der Sesam sind die besten vegetarischen Quellen dafür. Damit werden das Immunsystem, die Wundheilung, die Eiweißverdauung und die Haargesundheit auf Trab gehalten. Der Cracker kann zum Beispiel als Frühstück mit einem Aufstrich oder am Abend zu einer Suppe gegessen werden.

Für 20 Stück
1 Bund Rosmarin
180 g ungeschrotete Leinsamen
80 g Kürbiskerne
80 g Sonnenblumenkerne
80 g gemahlene Mandeln oder Haselnüsse
50 g Sesam
1 ½ TL Salz
3 TL Galgantpulver
4 mittelgroße Eier

1. Den Backofen auf 120 Grad Umluft vorheizen. Die Rosmarinnadeln abzupfen und klein hacken (sie können auch als ganze Nadeln verwendet werden).
2. Alle Zutaten in einer Schüssel zu einer gleichmäßigen Masse verrühren. Die Masse 15 Minuten stehen lassen, sodass die Leinsamen quellen können. Dann auf einem mit Backpapier ausgelegten Backblech ungefähr ½ cm dick ausstreichen und 15 Minuten antrocknen lassen.
3. Im vorgeheizten Ofen etwa 1 Stunde trocknen lassen. Die Platte in 24 Riegel schneiden oder in kleine Stücke brechen.

GERÖSTETE APÉRO-NÜSSE

Nüsse sind zwar fett- und damit kalorienreich, eine Studie aus dem Jahr 2003 hat jedoch gezeigt, dass der Konsum von Nüssen nicht mit Übergewicht assoziiert ist. Eine weitere Studie aus demselben Jahr zeigte außerdem, dass Nüsse nicht nur das Risiko von Herz-Kreislauf-Erkrankungen senken können, sondern sogar vor Übergewicht und Typ-2-Diabetes schützen. Die in Nüssen enthaltenen Fette beziehungsweise pflanzlichen Öle wirken, zumindest was Walnüsse angeht, stark entzündungshemmend. Auch der Mineralstoff- und Fasergehalt dürfte sich positiv auf die Darmgesundheit und den gesamten Stoffwechsel auswirken. In Nüssen sind zudem viele B-Vitamine enthalten, die für die Insulinsensitivität und damit einen gesunden Zuckerstoffwechsel nötig sind. Wichtig ist, bei der Zubereitung darauf zu achten, dass nicht zu stark erhitzt wird.

100 g Walnüsse
100 g Pekannüsse
100 g Macadamianüsse
1 EL Olivenöl
3 TL Currypulver
1 TL Kräutersalz
1 TL Paprikapulver

Den Backofen auf 150 Grad Umluft vorheizen. Die Nüsse in einer Schüssel mit dem Olivenöl, dem Currypulver und dem Salz mischen und auf einem Backblech verteilen. Die Nüsse im vorgeheizten Ofen bei 150 Grad Umluft 15–20 Minuten rösten oder in einer Bratpfanne auf mittlerer Hitze leicht anrösten. Mit Paprikapulver würzen.

EDEL NUTELLA

Schlemmen mit gutem Gewissen! Diese Edelvariante des bekannten Nussaufstrichs ist reich an Mineralstoffen aus Haselnuss, Mandeln und Kakao. Besonders Kakao gilt durch das enthaltene Magnesium und Kalzium als Mineralstoffbombe. Ebenso liefert er eine Fülle an zellschützenden, antientzündlichen sekundären Pflanzenstoffen und macht dank der Freisetzung von Serotonin auch noch glücklich.

Für 300 g

2 EL Honig
1 EL Birkenzucker
180 g gemahlene Haselnüsse
3 EL ungesüßtes Kakaopulver
1 TL Zimtpulver
¼ TL Vanillepulver
1 Prise Salz

1 Honig und Birkenzucker mit 100 ml Wasser verrühren (so klebt die Masse am Ende weniger). Zusammen mit allen weiteren Zutaten in den Mixer geben und zu einer gleichmäßigen Masse pürieren.

2 In ein Glas mit Drehverschluss abgefüllt, kann der Aufstrich im Kühlschrank bis zu einer Woche gelagert werden.

Tipps

- Mit 2 Esslöffeln saurem Halbrahm verfeinert, wird der Aufstrich sämiger.
- Durch die Zugabe von 2 Esslöffeln Jemalt und 1 Esslöffel Kakaopulver lässt sich der Mineral- und Vitalstoffgehalt maximieren.
- Anstelle von Haselnüssen und Mandeln können auch andere Nüsse verwendet werden, zum Beispiel 100 g Walnüsse und 50 g Mandeln oder auch pures Mandelmus mit 150 g Mandeln gemischt. Der Kreativität sind keine Grenzen gesetzt.

SALAT SAUCEN

Apfel-Zitronen-Salatsauce

½ Apfel, entkernt, mit Schale
⅛ unbehandelte Zitrone, mit Schale
¼ Zwiebel
½ TL Kräutersalz
4 Prisen Pfeffer aus der Mühle
2 EL Olivenöl
2 EL Hanf- oder Leinöl
4 EL naturtrüber Apfelessig oder Weißweinessig
Salatkräuter, frisch oder getrocknet, nach Wunsch

Alles zusammen in den Mixer geben, gut mixen und nach Wunsch mit Salatkräutern abschmecken. Für eine dünnere Konsistenz etwas Wasser dazugeben.

Italienische Salatsauce

½ TL Kräutersalz
3 Prisen Pfeffer aus der Mühle
2 Prisen Oregano, frisch oder getrocknet
2 EL Balsamicoessig
1 TL milder Senf
2 EL Olivenöl
1 EL Hanf- oder Leinöl
1 Prise Birkenzucker

Die Gewürze und Kräuter mit dem Essig und dem Senf gut vermischen, dann das Öl dazugeben und nochmals verrühren. Zum Schluss den Birkenzucker zugeben, um das Ganze mit einer süßen Note geschmacklich abzurunden.

Grüne-Kräuter-Salatsauce

2 Handvoll Rucola
1 Handvoll Basilikum
150 ml Wasser
2 EL Hanföl
½ Zwiebel
1 EL Senf
1 TL Kräutersalz
3 EL naturtrüber Apfelessig oder Weißweinessig

Alles zusammen in den Mixer geben, gut durchmixen und abschmecken.

Tipp

Salatsaucen mit rohen Zwiebeln sollten direkt verbraucht werden. Bei einer empfindlichen Verdauung kann die Zwiebel auch weggelassen werden.

WER STECKT DAHINTER?

NHK – Naturheilkunde und Schulmedizin = Integrative Medizin

Schon seit längerer Zeit bestand der Wunsch, ein Kochbuch herauszugeben, das den Grundprinzipien der NHK entspricht. Viele warten schon lange darauf, nun ist es da.
Das NHK Institut für integrative Naturheilkunde wurde 1988 gegründet und hat damit eine lange Tradition von Lehre und Praxis. Dank unserem Team, unseren Therapeuten, Dozentinnen und Ärzten sind wir zu einer der führenden Ausbildungs- und Behandlungsstätten der traditionellen europäischen Naturheilkunde TEN in Zürich herangewachsen. Mit der von uns gelebten Leidenschaft gelingt es uns immer wieder, Studierende, Klientinnen und Patienten von der Bedeutung der täglichen Ernährung für die Gesunderhaltung zu überzeugen, sie dafür zu motivieren und zu begeistern. Wir verbinden am NHK Institut aktiv Naturheilkunde und Schulmedizin, beispielsweise mit dem GenoTyping für eine individualisierte Ernährungstherapie. Unser Ziel ist es, an einer nachhaltigen, positiven Veränderung im Gesundheitswesen mitzuarbeiten.

Mein Dank gebührt zuerst Laura Koch und Laura Vagliani, beide Ernährungsberaterinnen BSc BFH an der NHK. Sie haben liebevoll sämtliche Rezepte kreiert und gekocht – immer mit dem Fokus, Genuss und Wirkung mit einfachen und nachhaltigen Rezepten gerecht zu werden. Es ist ihnen vollauf gelungen.
Herzlichen Dank auch an Damaris Lienhard vom Hotel Hof Weissbad für den über Jahre immer wieder spannenden Austausch rund um das Thema Gesundheit und Salutogenese und dafür, dass sie Küche, Garten und Logis zur Verfügung gestellt hat. Ebenfalls ein herzliches Dankeschön an das Küchenteam des »Hof Weissbad« für die tolle Unterstützung während der Produktion der Gerichte. Diese Unterstützung war sehr wertvoll und hat zu der reibungslosen Entstehung dieses Buches stark beigetragen.
Ebenfalls möchte ich mich bei Urs Hunziker und seinem Team vom AT Verlag bedanken, ohne sie wäre dieses Buch niemals so professionell geworden.

Ich freue mich sehr, dass Sie dieses Kochbuch in Händen halten. Möge es Ihnen, Ihren Familien und Freunden viel Genuss und Freude schenken – und wer weiß, vielleicht sehen wir uns einmal persönlich am NHK Institut.

Sybille Binder
Delegierte des VR, Ernährungsberaterin FH

Militärstrasse 90
8004 Zürich
www.nhk.ch

Nhk / Institut für integrative Naturheilkunde

1000x
Erläuterung

Hof Weissbad

In Zusammenarbeit mit dem NHK Institut und seinen erfahrenen Ärzten und Therapeutinnen wurde das Konzept MED-TEN® entwickelt, das wir in unserem Hotel als ganz persönliche Gesundheitswoche anbieten und dessen Grundsätze auch diesem Kochbuch zugrundeliegen. MED-TEN® verbindet die Erkenntnisse der Schulmedizin (MED) mit der traditionellen europäischen Naturheilkunde (TEN). Dank der Bestimmung des individuellen GenoTyps können personalisierte Ernährungsempfehlungen gegeben werden und in Kombination mit Heilkräutern und Mikronährstoffen auf natürlichem Weg die Selbstheilungskräfte des Körpers und somit Gesundheit, Vitalität und Lebensfreude gestärkt werden. Das Hotel Hof Weissbad bietet mit seiner gelebten Gastfreundschaft, der Herzlichkeit seiner Mitarbeiterinnen und Mitarbeiter und seiner kreativen regionalen Küche den perfekten Rahmen für einen Schritt hin zu einem ganzheitlich gesunden Ernährungsstil, bei dessen Weiterführung und Umsetzung im Alltag nach einem Kuraufenthalt nun auch dieses Kochbuch hilft.

Gastgeberin zu sein und unseren Gästen in einer angenehm anregenden Vier-Sterne-Superior-Atmosphäre ein zweites Zuhause zu schaffen, ist für mich seit Langem eine Herzensangelegenheit. Ebenso wichtig ist mir, unseren 190 Mitarbeitenden beste Rahmenbedingungen für ein vertrauensvolles und faires Arbeitsverhältnis zu bieten. So wird das Hotel Hof Weissbad zu einem kraftvollen, guten, ja gesunden Ort. Ein Ort, der offen ist für die individuellen Bedürfnisse aller Menschen, ein Ort, der einlädt zum Wandern, Genießen, Entdecken, Genesen, Tagen, Arbeiten – oder einfach Sein.
Ich freue mich, wenn Sie neugierig geworden sind – Sie sind bei uns jederzeit herzlich »wöllkomm«!

Damaris Lienhard
Gastgeberin

Hof Weissbad
Im Park 1
9057 Weissbad
www.hofweissbad.ch

hofweissbad
appenzell und gesundheit

LITERATUR VERZEICHNIS

Aggarwal, B. B., Harikumar, K. B. (2009). Potential therapeutic effects of curcumin, the anti-inflammatory agent, against neurodegenerative, cardiovascular, pulmonary, metabolic, autoimmune and neoplastic diseases. International Journal of Biochemistry & Cell Biology, 41(1), 40–59. doi:10.1016/j.biocel.2008.06.010

Akilen, R. et al. (2012). Cinnamon in glycaemic control: Systematic review and meta analysis. Clinical Nutrition, 31(5), 609–615. doi:10.1016/j.clnu.2012.04.003

Akilen, R. et al. (2013). Effect of short-term administration of cinnamon on blood pressure in patients with prediabetes and type 2 diabetes. Nutrition, 29(10), 1192–1196. doi:10.1016/j.nut.2013.03.007

Al Mofleh, I. A. (2010). Spices, herbal xenobiotics and the stomach: Friends or foes? World Journal of Gastroenterology, 16(22), 2710–2719. doi:10.3748/wjg.v16.i22.2710

Alvarez-Suarez, J. M. et al. (2010). Contribution of honey in nutrition and human health: A review. Mediterranean Journal of Nutrition and Metabolism, 3(1), 15–23. doi:10.1007/s12349-009-0051-6

Arumugam, M. et al. (2011). Enterotypes of the human gut microbiome. Nature, 473(7346), 174–180. doi:10.1038/nature09944

Avena, N. M., Rada, P., Hoebel, B. G. (2008). Evidence for sugar addiction: Behavioral and neurochemical effects of intermittent, excessive sugar intake. Neuroscience and Biobehavioral Reviews, 32(1), 20–39. doi:10.1016/j.neubiorev.2007.04.019

Balder, H. F. et al. (2006). Heme and chlorophyll intake and risk of colorectal cancer in the Netherlands cohort study. Cancer Epidemiology Biomarkers and Prevention, 15(4), 717–725. doi:10.1158/1055-9965.EPI-05-0772

Bassioni, G. et al. (2012). Risk assessment of using aluminium foil in food preparation. International Journal of Electrochemical Science, 7, 4498–4509

Bhattacharyya, N., Ghosh, A., Banerjee, M. (2011). Anti-inflammatory activity of root of Alpinia galanga Willd. Chronicles of Young Scientists, 2(3), 139. doi:10.4103/2229-5186.90890

Bengmark, S. (2007). Bioecological control of inflammatory bowel disease. Clinical Nutrition, 26(2), 169–181. doi:10.1016/j.clnu.2006.10.001

Biesiekierski, J. R. et al. (2011). Gluten causes gastrointestinal symptoms in subjects without celiac disease: A double-blind randomized placebo-controlled trial. American Journal of Gastroenterology, 106(3), 508–514

Bozkurt, E. et al. (2012). Effects of Thymus serpyllum extract on cell proliferation, apoptosis and epigenetic events in human breast cancer cells. Nutrition and Cancer, 64(8),1245–1250. doi: 10.1080/01635581.2012.719658

Cabrera, C., Artacho, R., Giménez, R. (2006). Beneficial effects of green tea: A review. Journal of the American College of Nutrition, 25(2), 79–99. doi:10.1080/07315724.2006.10719518

Callaway, J. et al. (2005). Efficacy of dietary hempseed oil in patients with atopic dermatitis. Journal of Dermatological Treatment, 16(2), 87–94. doi:10.1080/09546630510035832

Campbell, A. W. et al. (2016). Food immune reaction and autoimmunity. Alternative Therapies in Health and Medicine, 21 (Suppl. 1)

Carrera-Bastos, P. et al. (2011). The western diet and lifestyle and diseases of civilization. Research Reports in Clinical Cardiology, 15. doi:10.2147/RRCC.S16919

Carroccio, A. et al. (2011). Fecal assays detect hypersensitivity to cow's milk protein and gluten in adults with irritable bowel syndrome. Clinical Gastroenterology and Hepatology, 9(11), 965–971.e3. doi:10.1016/j.cgh.2011.07.030

Cavaleiro, C. (2009). Antifungal activity of the clove essential oil from Syzygium aromaticum on Candida,

Aspergillus and dermatophyte species, Journal of Medical Microbiology, 58, 1454–1462. doi:10.1099/jmm.0.010538-0
Chango, A., Pogribny, I. P. (2015). Considering maternal dietary modulators for epigenetic regulation and programming of the fetal epigenome. Nutrients, 7(4), 2748–2770. doi:10.3390/nu7042748
Cheng, D. M. et al. (2012). In vivo and in vitro antidiabetic effects of aqueous cinnamon extract and cinnamon polyphenol-enhanced food matrix. Food Chemistry, 135(4), 2994–3002. doi:10.1016/j.foodchem.2012.06.117
Compare, D. et al. (2012). Gut-liver axis: The impact of gut microbiota on non alcoholic fatty liver disease. Nutrition, Metabolism, and Cardiovascular Diseases, 22(6), 471–476. doi:10.1016/j.numecd.2012.02.007
Daniel, M., Tollefsbol, T. O. (2015). Epigenetic linkage of aging, cancer and nutrition. Journal of Experimental Biology, 218(1), 59–70. doi:10.1242/jeb.107110
Deka, A., Vita, J. A. (2011). Tea and cardiovascular disease. Pharmacological Research: The Official Journal of the Italian Pharmacological Society, 64(2), 136–145. doi:10.1016/j.phrs.2011.03.009
Delaquis, P. et al. (2002). Antimicrobial activity of individual mixed fractions of dill, cilantro, coriander and eucalyptus essential oils. Elsevier, Vol. 74, Issues 1–2, p. 101–109
De Punder, K., Pruimboom, L. (2013). The dietary intake of wheat and other cereal grains and their role in inflammation. Nutrients, 5(3), 771–787.
De Vogel, J. et al. (2005). Green vegetables, red meat and colon cancer: Chlorophyll prevents the cytotoxic and hyperproliferative effects of haem in rat colon. Carcinogenesis, 26(2), 387–393. doi:10.1093/carcin/bgh331
El-Ghorab, A. H. et al. (2010). A comparative study on chemical composition and antioxidant activity of ginger (Zingiber officinale) and cumin (Cuminum cyminum). Journal of Agricultural and Food Chemistry, 58(14), 8231–8237. doi:10.1021/jf101202x
Elhayany, A. et al. (2010). A low carbohydrate mediterranean diet improves cardiovascular risk factors and diabetes control among overweight patients with type 2 diabetes mellitus: A 1-year prospective randomized intervention study. Diabetes, Obesity & Metabolism, 12(3), 204–209. doi:10.1111/j.1463-1326.2009.01151.x
Fahey, J. (2002). Pinostrobin from honey and thai ginger (Boesenbergia pandurata): A potent flavonoid inducer of mammalian phase 2 chemoprotective and antioxidant enzymes. Journal of Agricultural and Food Chemistry, 50, 7472–7476, doi:10.1021/jf025692k
Fenech, M. et al. (2011). Nutrigenetics and nutrigenomics: Viewpoints on the current status and applications in nutrition research and practice. Journal of Nutrigenetics and Nutrigenomics, 4(2), 69–89. doi:10.1159/000327772
Fernández, A. F., Fraga, M. F. (2011). The effects of the dietary polyphenol resveratrol on human healthy aging and lifespan. Epigenetics, 6(7), 870–874. doi:10.4161/epi.6.7.16499
García-Lorda, P., Megias Rangil, I., Salas-Salvadó, J. (2003). Nut consumption, body weight and insulin resistance. European Journal of Clinical Nutrition, 57(Suppl. 1). doi:10.1038/sj.ejcn.1601802
Geetha, S. P. et al. (2000). Isolation of protoplasts from cardamom (Elettaria cardamomum Maton) and ginger (Zingiber officinale Rose.), Journal of Spices and Aromatic Crops, 9(1), 23–30
Ghosh, S., Banerjee, S., Sil, P. C. (2015). The beneficial role of curcumin on inflammation, diabetes and neurodegenerative disease: A recent update. Food and Chemical Toxicology, 83, 111–124. doi:10.1016/j.fct.2015.05.022
Gibson, G., Roberfroid, M. B. (1995). Critical review: Dietary modulation of the human colonie microbiota:

Introducing the concept of prebiotics. Journal of Nutrition, 1401–1412

Gille, D., Vergères, G. (2016). Nutri-Epigenetik: Der Zusammenhang zwischen Ernährung und Genetik. Schweiz. Zeitschrift für Ernährungsmedizin, 3, 9–13

Goodrich, J. K. et al. (2014). Human genetics shape the gut microbiome. Cell, 159(4), 789–799. doi:10.1016/j.cell.2014.09.053

Gu, Y., Lambert, J. D. (2013). Modulation of metabolic syndrome-related inflammation by cocoa. Molecular Nutrition and Food Research, 57(6), 948–961. doi:10.1002/mnfr.201200837

Hadjivassiliou, M. et al. (2010). Gluten sensitivity: From gut to brain. The Lancet Neurology, 9(3), 318–330. doi:10.1016/S1474-4422(09)70290-X

Heck, C. I., de Mejia, E. G. (2007). Yerba mate tea (Ilex paraguariensis): A comprehensive review on chemistry, health implications, and technological considerations. Journal of food science, 72(9), R138–51. doi:10.1111/j.1750-3841.2007.00535.x

Hedlund, M. et al. (2008). Evidence for a human-specific mechanism for diet and antibody-mediated inflammation in carcinoma progression. Proceedings of the National Academy of Sciences of the United States of America, 105(48), 18936–18941. doi:0803943105 [pii]\r10.1073/pnas.0803943105

Hooper, L. et al. (2012). Effects of chocolate, cocoa, and flavan-3-ols on cardiovascular health: A systematic review and meta-analysis of randomized trials 1–3. The American Journal of Clinical Nutrition, 95, 740–751. doi:10.3945/ajcn.111.023457.Introduction

Johnson, R. J. et al. (2007). Potential role of sugar (fructose) in the epidemic of hypertension, obesity and the metabolic syndrome, diabetes, kidney disease, and cardiovascular disease. The American Journal of Clinical Nutrition, 86, 899–906

Johnson, M. et al. (2013). Diets containing traditional and novel green leafy vegetables improve liver fatty acid profiles of spontaneously hypertensive rats. Lipids in Health and Disease, 12(1), 168. doi:10.1186/1476-511X-12-168

Josephrajkumar, A., Chakrabarty, R., Thomas, G. (2005). Occurrence of trypsin-like protease in cardamom (Elettaria cardamomum Maton). Indian Journal of Biochemistry & Biophysics, Vol. 42, 243–245

Joven, J. et al. (2012). Plant-derived polyphenols regulate expression of miRNA paralogs miR-103/107 and miR-122 and prevent diet-induced fatty liver disease in hyperlipidemic mice. Biochimica et Biophysica Acta, 1820(7), 894–899. doi:10.1016/j.bbagen.2012.03.020

Junker, Y. et al. (2012). Wheat amylase trypsin inhibitors drive intestinal inflammation via activation of toll-like receptor 4. The Journal of Experimental Medicine, 209(13), 2395–2408. doi:10.1084/jem.20102660

Kanakis, C. D. et al. (2011). Milk β-lactoglobulin complexes with tea polyphenols. Food Chemistry, 127(3), 1046–1055. doi:10.1016/j.foodchem.2011.01.079

Kaufman-Szymczyk, A. et al. (2015). The role of sulforaphane in epigenetic mechanisms, including interdependence between histone modification and DNA methylation. International Journal of Molecular Sciences, 16(12), 29732–29743. doi:10.3390/ijms161226195

Kastorini, C.-M. et al. (2011). The effect of mediterranean diet on metabolic syndrome and its components: A meta-analysis of 50 studies and 534 906 individuals. Journal of the American College of Cardiology, 57(11), 1299–1313. doi:10.1016/j.jacc.2010.09.073

Khan, A. et al. (2003). Cinnamon improves glucose and lipids of people with type 2 diabetes. Clinical Care/Education/Nutrition, 26(12), 3215–3218

Khan, A. et al. (2011). Anticancer activities of Nigella sativa (black cumin). African Journal of Traditional, Complementary and Alternative Medicines, 8, 226–232. doi:10.4314/ajtcam.v8i5S.10

LeBlanc, J. G. et al. (2013). Bacteria as vitamin suppliers to their host: A gut microbiota perspective. Current opinion in Biotechnology, 24(2), 160–168. doi:10.1016/j.copbio.2012.08.005

Lee, S. J. et al. (2005). Identification of volatile components in basil (Ocimum basilicum L.) and thyme leaves (Thymus vulgaris L.) and their antioxidant properties. Food Chemistry, 91(1), 131–137. doi:10.1016/j.foodchem.2004.05.056

Leidy, H. J., Racki, E. M. (2010). The addition of a protein-rich breakfast and its effects on acute appetite control and food intake in breakfast-skipping adolescents. International Journal of Obesity, 34(7), 1125–1133. doi:10.1038/ijo.2010.3

Leizer, C. et al. (2000). The composition of hemp seed oil and its potential as an important source of nutrition. Journal of Nutraceuticals, Functional & Medical Foods, 2(4), 35–53. doi:10.1300/J133v02n04_04

Li, Y., Daniel, M., Tollefsbol, T. O. (2011). Epigenetic regulation of caloric restriction in aging. BMC Medicine, 9, 1–12. doi:10.1186/1741-7015-9-98

Lu, T. et al. (2012). Cinnamon extract improves fasting blood glucose and glycosylated hemoglobin level in Chinese patients with type 2 diabetes. Nutrition Research, 32(6), 408–412. doi:10.1016/j.nutres.2012.05.003

Manach, C. et al. (1998). Quercetin is recovered in human plasma as conjugated derivatives which retain antioxidant properties. FEBS Letters, 426(3), 331–336. doi:10.1016/S0014-5793(98)00367-6

Manach, C. et al. (2004). Polyphenols: Food sources and bioavailability. American Journal of Clinical Nutrition, 79(5), 727–747

Marco, M. L. et al. (2017). Health benefits of fermented foods: Microbiota and beyond. Current Opinion in Biotechnology, 44, 94–102. doi:10.1016/j.copbio.2016.11.010

Meeran, S. M., Ahmed, A., Tollefsbol, T. O. (2010). Epigenetic targets of bioactive dietary components for cancer prevention and therapy. Clinical Epigenetics, 1(3–4), 101–116. doi:10.1007/s13148-010-0011-5

Miele, L. et al. (2013). Gut-liver axis and microbiota in NAFLD: Insight pathophysiology for novel therapeutic target. Current Pharmaceutical Design, 19(29), 5314–1524. doi:10.2174/1381612811319290011

Mittal, A. et al. (2004). EGCG down-regulates telomerase in human breast carcinoma MCF-7 cells, leading to suppression of cell viability and induction of apoptosis. International Journal of Oncology, 24(3), 703–710

Mosetter, K. (2009). Insulinresistenz – eine gemeinsame Wurzel vieler Zivilisationskrankheiten. Handout, Tagung Solothurn, 1–15

Mouzaki, M. et al. (2013). Intestinal microbiota in patients with nonalcoholic fatty liver disease. Hepatology, 58(1), 120–127. doi:10.1002/hep.26319

Natividad, J. M. M., Verdu, E. F. (2013). Modulation of intestinal barrier by intestinal microbiota: Pathological and therapeutic implications. Pharmacological Research: The Official Journal of the Italian Pharmacological Society, 69(1), 42–51. doi:10.1016/j.phrs.2012.10.007

Platel, K., Srinivasan, K. (2004). Digestive stimulant action of spices: A myth or reality? Indian Journal of Medical Research, 119(5), 167–179

Popkin, B. M., D'Anci, K. E., Rosenberg, I. H. (2010). Water, hydration, and health. Nutrition reviews, 68(8), 439–458. doi:10.1111/j.1753-4887.2010.00304.x

Post, R. E. et al. (2012). Dietary fiber for the treatment of type 2 diabetes mellitus: A meta-analysis. Journal of the American Board of Family Medicine, 25(1), 16–23. doi:10.3122/jabfm.2012.01.110148

Pusztai, A. et al. (1993). Antinutritive effects of wheat-germ agglutinin and other N-acetylglucosamine-specific lectins. The British Journal of Nutrition, 70(1993), 313–321. doi:10.1079/BJN19930124

Quincozes-Santos, A. et al. (2007). Resveratrol attenuates oxidative-induced DNA damage in C6 glioma cells. NeuroToxicology, 28(4), 886–891. doi:10.1016/j.neuro.2007.03.008

Quiñones, M., Miguel, M., Aleixandre, A. (2013). Beneficial effects of polyphenols on cardiovascular disease. Pharmacological research: The Official Journal of the Italian Pharmacological Society, 68(1), 125–131. doi:10.1016/j.phrs.2012.10.018

Ravichandran, S. (2011). Possible natural ways to eliminate toxic heavy metals. International Journal of ChemTech Research, 3(4), 1886–1890

Remer, T. (2000). Influence of diet on acid-base balance, 13(4), 221–226

Roberts, C. K., Sindhu, K. K. (2009). Oxidative stress and metabolic syndrome. Life sciences, 84(21–22), 705–712. doi:10.1016/j.lfs.2009.02.026

Romagnolo, D. F., Selmin, O. I. (2012). Flavonoids and cancer prevention: A review of the evidence. Journal of nutrition in gerontology and geriatrics, 31(3), 206–238. doi:10.1080/21551197.2012.702534

Rühlemann, M. et al. (2021). Genome-wide association study in 8,956 German individuals identifies influence of ABO histo-blood groups on gut microbiome. Nature Genetics 53(2), 147–155 (2021). doi: 10.1038/s41588-020-00747-1

Sabaté, J. (2003). Nut consumption and body weight. American Journal of Clinical Nutrition, 78(3), 647S–650S

Sanmukhani, J. et al. (2014). Efficacy and safety of curcumin in major depressive disorder: A randomized controlled trial. Phytotherapy Research, 28(4), 579–585. doi:10.1002/ptr.5025

Sapone, A. et al. (2012). Spectrum of gluten-related disorders: Consensus on new nomenclature and classification. BMC Medicine, 10(1), 13. doi:10.1186/1741-7015-10-13

Sender, R., Fuchs, S., Milo, R. (2016). Revised estimates for the number of human and bacteria cells in the body. PLOS Biology, 14(8), 1–14. doi:10.1371/journal.pbio.1002533

Seo, Y. S., Shah, V. H. (2012). The role of gut-liver axis in the pathogenesis of liver cirrhosis and portal hypertension. Clinical and Molecular Hepatology, 18, 337–346

Shewry, P. R., Jones, H. D. (2005). Transgenic wheat: Where do we stand after the first 12 years? Annals of Applied Biology, 147(1), 1–14. doi:10.1111/j.1744-7348.2005.00009.x

Shai, I. et al. (2008). Weight loss with a low-carbohydrate, mediterranean, or low fat diet. The New England Journal of Medicine, 359(3), 229–241

Sharma, H., Zhang, X., Dwivedi, C. (2010). The effect of ghee (clarified butter) on serum lipid levels and microsomal lipid peroxidation. AYU (International Quarterly Journal of Research in Ayurveda), 31(2), 134. doi:10.4103/0974-8520.72361

Siedentopp, U. (2015). Chronobiologie des Essens. Deutsche Zeitschrift für Akupunktur, 58(3), 38–41. doi:10.1016/S0415-6412(15)30046-1

Siedentopp, U. (2016). Bitter – mehr als ein Geschmack. Deutsche Zeitschrift für Akupunktur, 59(3), 41–44. doi:10.1016/S0415-6412(16)30091-1

Sienkewicz M. et al. (2012). The antimicrobial activity of thyme essential oil against multidrug resistant clinical bacterial strains, Microbial Drug Resistence, 18(2), 137–148. doi: 10.1089/mdr.2011.0080

Sievenpiper, J. L. et al. (2009). Heterogeneous effects of fructose on blood lipids in individuals with type 2 diabetes: Systematic review and meta-analysis of experimental trials in humans. Diabetes Care, 32(10), 1930–1937. doi:10.2337/dc09-0619

Soares, F. L. P. et al. (2013). Gluten-free diet reduces adiposity, inflammation and insulin resistance associated with the induction of PPAR-alpha and PPAR-gamma expression. Journal of Nutritional Biochemistry, 24(6), 1105–1111. doi:10.1016/j.jnutbio.2012.08.009

Spreadbury, I. (2012). Comparison with ancestral diets suggests dense acellular carbohydrates promote an inflammatory microbiota, and may be the primary dietary cause of leptin resistance and obesity. Diabetes, Metabolic Syndrome and Obesity: Targets and Therapy, 5, 175–189

Stagos, D. et al. (2012). Chemoprevention of liver cancer by plant polyphenols. Food and Chemical Toxicology, 50(6), 2155–2157

Steinberg, F. M., Bearden, M. M., Keen, C. L. (2003). Cocoa and chocolate flavonoids: Implications for cardiovascular health. Journal of the American Dietetic Association, 103(2), 215–223. doi:10.1053/jada.2003.50028

Stote, K. S. et al. (2012). Effect of cocoa and green tea on biomarkers of glucose regulation, oxidative stress, inflammation and hemostasis in obese adults at risk for insulin resistance. European Journal of Clinical Nutrition, 66(10), 1153–1159. doi:10.1038/ejcn.2012.101

Takaishi, H. et al. (2008). Imbalance in intestinal microflora constitution could be involved in the pathogenesis of inflammatory bowel disease. International Journal of Medical Microbiology, 298(5–6), 463–472

Teiten, M. H., Dicato, M., Diederich, M. (2013). Curcumin as a regulator of epigenetic events. Molecular Nutrition and Food Research, 57(9), 1619–1629. doi:10.1002/mnfr.201300201

Thayer, J. F., Sternberg, E. M. (2010). Neural aspects of immunomodulation: Focus on the vagus nerve. Brain, Behavior, and Immunity, 24(8), 1223–1228

Teng, X. et al. (2011). More than adequate iodine intake may increase subclinical hypothyroidism and autoimmune thyroiditis: A cross-sectional study based on two Chinese communities with different iodine intake levels. European Journal of Endocrinology, 164(6), 943–950. doi:10.1530/EJE-10-1041

Tran, L. T., Yuen, V. G., McNeill, J. H. (2009). The fructose-fed rat: A review on the mechanisms of fructose-induced insulin resistance and hypertension. Molecular and Cellular Biochemistry, 332(1–2), 145–159. doi:10.1007/s11010-009-0184-4

Turnbaugh, P. J. et al. (2007). The human microbiome project: Exploring the microbial part of ourselves in a changing world. Nature, 449(7164), 804–810. doi:10.1038/nature06244

Vander Wal, J. S. et al. (2005). Short-term effect of eggs on satiety in overweight and obese subjects. Journal of the American College of Nutrition, 24(6), 510–515. doi:10.1080/07315724.2005.10719497

Vessal, M., Hemmati, M., Vasei, M. (2003). Antidiabetic effects of quercetin in streptozocin-induced diabetic rats. Comparative Biochemistry and Physiology, C: Toxicology and Pharmacology, 135(3), 357–364. doi:10.1016/S1532-0456(03)00140-6

Verginelli, F. et al. (2009). Nutrigenetics in the light of human evolution. Journal of Nutrigenetics and Nutrigenomics, 2(2), 91–102. doi:10.1159/000228251

Visser, J. et al. (2009). Tight junctions, intestinal permeability, and autoimmunity: Celiac disease and type 1 diabetes paradigms. Annals of the New York Academy of Sciences, 1165, 195–205. doi:10.1111/j.1749-6632.2009.04037.x

Vos, M. B., Lavine, J. E. (2013). Dietary fructose in nonalcoholic fatty liver disease. Hepatology, 57(6), 2525–2531. doi:10.1002/hep.26299

Wagnerberger, S. et al. (2013). Lactobacillus casei Shirota protects from fructose-induced liver steatosis: A mouse model. Journal of Nutritional Biochemistry, 24(3), 531–538. doi:10.1016/j.jnutbio.2012.01.014

Wenk, C. (2003). Herbs and botanicals as feed additives in monogastric animals. Asian-Australasian Journal of Animal Sciences, 16(2), 282–289. doi:10.5713/ajas.2003.282

Wilcox, G. (2005). Insulin and insulin resistance, Clinical Biochemist Reviews, 26(2), 19–39

Wu, H. et al. (2015). Astaxanthin as a potential neuroprotective agent for neurological diseases. Marine Drugs, 13(9), 5750–5766. doi:10.3390/md13095750

Wurtman, J. R., Wurtman J. J. (1995). Carbohydrate craving, obesity and brain serotonin. Department of Applied Biological Sciences & Clinical Research Center (3), 477–480. doi:10.1016/S0195-6663(86)80055-1

Zeevi, D. et al. (2015). Personalized nutrition by prediction of glycemic responses. Cell, 163(5), 1079–1095. doi:10.1016/j.cell.2015.11.001

Zheng, N. G. et al. (2014). Aberant epigenetic alteration in Eca9706 cells modulated by nanoliposomal quercetin combined with butyrate mediated via epigenetic-NF-kappaB signaling. Asian Pacific Journal of Cancer Prevention, 15(11), 4539–4543. doi:10.7314/APJCP.2014.15.11.4539

Bücher

Bland, J. (2015). The disease delution: Conquering the cause of chronic illness for a healthier, longer and happier life. Harper Wave

Enders, G. (2014). Darm mit Charme – alles über ein unterschätztes Organ. Ullstein

Hemsley, Jasmine und Melissa (2015). Hemsley und Hemsley: Natürlich gut essen. Edel Books

Hildegard von Bingen. Ursprung und Behandlung der Krankheiten: Causae et Curae. Herausgegeben von der Abtei St. Hildegard, Eibingen, Beuroner Kunstverlag, 2. Auflage, 2011

Krämer, U., Schlatterer, C., Knoll, G. (2013). Krebszellen lieben Zucker – Patienten brauchen Fett. Systemed Verlag

Mosetter, K., Probost, T., Simon, W. A., Cavelius, A. (2013). Zucker – der heimliche Killer. Gräfe und Unzer

Pruimboom, L., Reheis, D., Rinderer, M. (2014). Wirk + Kochbuch. Bucher Verlag

Runow, K. D. (2011). Der Darm denkt mit. Wie Bakterien, Pilze und Allergien das Nervensystem beeinflussen. Südwest Verlag

Runow, K. D. (2013). Krebs eine Umweltkrankheit? Risiko minimieren – Therapie optimieren. Südwest Verlag

Schlüchter, S. (2012). Schweizer Nährwerttabelle. Schweizerische Gesellschaft für Ernährung SGE, 1. Auflage, Schulverlag plus

Souci, S. W., Fachmann, W., Kraut, H. (2008). Die Zusammensetzung der Lebensmittel: Nährwert-Tabellen. 7. Auflage, Wissenschaftliche Verlagsgesellschaft Stuttgart/MedPharm

Worm, N. (2011). Glücklich und schlank. Systemed Verlag

Weitere Quellen

Sge-ssn.ch
5amtag.ch
gemuese.ch
wwf.ch

REZEPT VERZEICHNIS

COCOA
CI
CACAO
G

Laura Koch
arbeitet seit ihrem Bachelor-Abschluss in Ernährung und Diätetik 2014 an der Berner Fachhochschule Gesundheit am NHK Institut für integrative Naturheilkunde. Bis 2018 war sie zudem für das Gesundheitsförderungsprogramm »GORILLA« der Schtifti Foundation in Zürich tätig. Liebe zum Essen, Wissensdurst und Forschergeist haben sie in kürzester Zeit zur Ernährungs- und Stoffwechselexpertin werden lassen. Laura Koch hat sich 2020 mit ihrer Firma »UNIKUM NUTRITION« (www.unnu.ch) selbstständig gemacht und arbeitet außerdem als Dozentin am NHK Campus und anderen Institutionen. Ihr Spezialgebiet ist die individualisierte Ernährungstherapie unter Einbezug genetischer und epigenetischer Daten sowie der naturheilkundlichen Konstitutionslehre und orthomolekularmedizinischer Erkenntnisse.

4. Auflage, 2024

AT Verlag AG, Aarau und München
Lektorat: Nicola Härms, Rheinbach, und AT Verlag
Fotos: Veronika Studer
Grafische Gestaltung: Nathalie Vollenweider
Druck und Bindearbeiten: Printer Trento, Trento
Printed in Italy

ISBN 978-3-03800-998-6

www.at-verlag.ch

Der AT Verlag wird vom Bundesamt fur Kultur
für die Jahre 2021–2024 unterstützt.